技能型紧缺人才培养培训工程

中等职业教育物流服务与管理专业系列教材

配送中心作业实务

主　编　王妙娟

副主编　邵　晖　曹芳英

参　编　毛宁莉　陈南旭　马欣欣

　　　　周　雄　王武剑　施　粉

机械工业出版社

本书是以物流服务与管理专业相关工作任务和职业能力分析为依据确定课程目标，设计课程内容，以工作任务为线索构建任务引领型课程的。

　　全书共分8个项目，主要内容包括：体验配送中心，配送信息系统应用，入库作业，存储作业，拣货作业与配货作业、补货作业，送货作业，车辆调度作业，流通加工。每个项目由若干个任务构成，每个任务都包括任务描述、知识准备、任务实施、任务巩固、任务考核等环节。教学活动设计由易而难，引导学生在学习活动中学会学习，培养兴趣。

　　本书可作为中等职业学校物流服务与管理及相关专业教材，也可供物流企业相关人员学习参考。

图书在版编目（CIP）数据

配送中心作业实务/王妙娟主编．—北京：机械工业出版社，2016.12（2025.2 重印）
技能型紧缺人才培养培训工程　中等职业教育物流服务与管理专业系列教材
ISBN 978-7-111-55957-3

Ⅰ．①配…　Ⅱ．①王…　Ⅲ．①物流配送中心—作业管理—中等专业学校—教材　Ⅳ．①F252.14

中国版本图书馆 CIP 数据核字（2017）第 013054 号

机械工业出版社（北京市百万庄大街22号　邮政编码100037）
策划编辑：宋　华　　　责任编辑：宋　华　陈　洁　徐永杰
责任校对：马丽婷　　　封面设计：马精明
责任印制：李　昂
北京捷迅佳彩印刷有限公司印刷
2025年2月第1版第3次印刷
184mm×260mm・7印张・156千字
标准书号：ISBN 978-7-111-55957-3
定价：25.00元

电话服务　　　　　　　　　　网络服务
客服电话：010-88361066　　　机　工　官　网：www.cmpbook.com
　　　　　010-88379833　　　机　工　官　博：weibo.com/cmp1952
　　　　　010-68326294　　　金　书　网：www.golden-book.com
封底无防伪标均为盗版　　　　机工教育服务网：www.cmpedu.com

前　言

物流产业是国民经济的动脉系统,它连接经济的各个部门并使之成为一个有机的整体,其发展程度成为衡量一个国家现代化程度和综合国力的重要标志之一。随着世界经济全球化进程的加快和科学技术的飞速发展,我国的现代物流业也得到迅猛发展,已成为国民经济中新的增长点并被确定为十大调整与振兴产业之一。

配送是现代物流的重要环节,配送中心是物流企业的一个重要部门。从欧美国家情况看,许多生产加工企业和商品零售企业已不再拥有自己的仓库,而由另外的配送中心为自己服务,这是产业发展的一种必然趋势。配送是在经济合理区或范围内,根据客户要求,对物品进行拣选、加工、包装、分割、组配等作业,并按时送达指定地点的物流活动。从物流的角度看,配送几乎包括了所有的物流功能要素,是物流在小范围内全部活动的体现。提高配送中心的运作效率和改变配送中心的操作及管理技术是现代物流的重要任务。

为适应我国现代物流产业的发展,满足企业对物流人才的需求,同时从物流专业教学实际需要出发,作者组织编写了本书。本书遵循"以需求为依据,以就业为导向,以素质为基础,以能力为本位"的指导思想,以物流配送作业流程为线索展开教学过程,以项目和任务组织教学内容,以培养学生职业素养和职业能力为目标,贯彻"理实一体,做中学,做中教,教学与做融合"的教学理念,在教学中可以采用项目教学法、任务引领教学法、分组学习法、角色扮演法等教学方法,使学生通过对本书的学习与实践,熟悉配送作业各个岗位的操作流程和操作要求,明确各岗位应掌握的知识和技能。通过本书的理论学习和实践操练,培养学生良好的工作品质和工作习惯、诚实守信的品德、文明礼貌的修养和干净利落的工作作风,增强学生的安全意识和服务意识。

本书建议学时为 108 学时,具体学时分配如下:

项目	课程内容	学时数/学时
项目一	体验配送中心	6
项目二	配送信息系统应用	10
项目三	入库作业	12
项目四	存储作业	14
项目五	拣货作业与配货作业、补货作业	20
项目六	送货作业	20
项目七	车辆调度作业	16
项目八	流通加工	10
合计		108

本书由浙江省公路技师学院专业人员编写,院长助理、高级讲师王妙娟任主编,并负责全书的审核、修改和统稿工作。邵晖、曹芳英任副主编。参加本书编写的专业人员还有毛宁莉、陈南旭、马欣欣、周雄、王武剑、施粉。

| 配送中心作业实务 |

　　本书的编写得到了全国物流职业教育教学指导委员会副主任、环众物流咨询有限公司董事长蓝仁昌博士和上海市现代流通学校原副校长、高级讲师周云斌先生的指导，以及山东省潍坊市商业学校、机械工业出版社的大力支持和帮助，同时还借鉴和参考了大量的文献资料，在此对相关人士和单位表示诚挚的谢意。

　　由于时间仓促及编者水平有限，书中难免有疏漏之处，恳请广大读者批评指正。

编　者

目 录

前言

项目一　体验配送中心 1
   任务一　解读配送中心 1
   任务二　配送作业的岗位内容 6

项目二　配送信息系统应用 14
   任务一　配送信息系统 14
   任务二　条码、条码设备的使用 16

项目三　入库作业 20
   任务一　订单处理作业 20
   任务二　货物验收作业 32

项目四　存储作业 41
   任务一　货物的整理作业 41
   任务二　货物的盘点作业 48

项目五　拣货作业与配货作业、补货作业 55
   任务一　拣货作业 55
   任务二　配货作业 69
   任务三　补货作业 73

项目六　送货作业 78
   任务一　点货上车作业 78
   任务二　下货验收作业 80
   任务三　返品回收作业 82
   任务四　交单收班作业 85

项目七　车辆调度作业 87
   任务一　认识车辆调度作业 87
   任务二　GPS 的使用 89

项目八　流通加工 92
   任务一　产品流通加工的认知 92
   任务二　包装作业 96

参考文献 105

项目一　体验配送中心

学习目标

1. 理解什么是配送中心。
2. 知道配送中心的分类。
3. 清楚配送中心的布局和作业流程。
4. 能识别配送中心的业务活动。

项目概述

沃尔玛百货有限公司（以下简称"沃尔玛"）由美国零售业的传奇人物山姆·沃尔顿先生于 1962 年在阿肯色州成立。经过五十余年的发展，沃尔玛已经成为美国最大的私人雇主和世界上最大的连锁零售商。目前，沃尔玛在全球 28 个国家开设了超过 63 个品牌的约 11500 家分店，员工总数 230 多万人。每周光临沃尔玛的客户近 1.4 亿人次。2004 年，沃尔玛全球的销售额达到 2630.09 亿美元，荣登《财富》杂志世界 500 强企业榜首和"最受尊敬企业"排行榜。2005 年达到 2879.89 亿美元，名列世界 500 强第一；2006 年为 3156.54 亿美元，名列世界 500 强第二；2007 年为 3511.39 亿美元，再次荣登世界 500 强榜首。

沃尔玛的配送中心就是一个大型的仓库，但是概念上与仓库有所区别。商品在配送中心停留的时间不超过 48h，沃尔玛要卖的产品有几万个品种，吃、穿、住、用、行各方面都有，尤其像食品、快速消费品这些商品的停留时间直接影响到使用。目前，沃尔玛在中国有深圳、嘉兴和天津三家物流配送中心。

每家店一天送一次货（竞争对手每 5 天送一次货），至少一天送货一次意味着可以减少商店或零售店里的库存。这就使得零售场地和人力管理成本都大大降低。要达到这样的目标，就要通过不断地完善组织结构，建立一种运作模式能够满足这样的需求。

任务一　解读配送中心

任务描述

小何到沃尔玛山姆店的物流部门实习。稍了解沃尔玛的人都知道，低成本战略使物流成本始终保持低位，这是沃尔玛这种商品零售商的看家本领。在物流运营过程中尽可能降低成本，把节省后的成本让利于消费者，是沃尔玛一贯的经营宗旨。但小何对物流配送业务并不十分了解，希望从中能够学习到实际情况中的配送过程是如何运作的。图 1-1 是沃尔玛的配送中心。

图 1-1 沃尔玛的配送中心

知识准备

一、配送的概念

发达国家对配送的认识并非完全一致，在表述上有区别。但是，一个非常重要的共同认识就是"配送就是送货"。美国配送的英语原词是 Delivery，是送货的意思，强调的是将货送达。日本工业标准 JIS 解释为"将货物从物流结点送交收货人"。送货含义明确无误，配送主体就是送货。

当然，现代经济中的送货也必定比历史上的送货有所发展，这种发展是竞争的产物，受利润和占领市场的驱使，想方设法使送货行为优化，于是实践上出现了送货时车辆合理调配、路线规划选择、送货前配货、配装等。

在发达国家对配送的解释中，并不强调配，而仅强调送达，原因是在买方市场的国家中"配"是完善"送"的经济行为，是进行竞争和提高自身经济效益的必然延伸，是在竞争中优化的形式，既然是一种必然行为，就没有再强调的必要了。

配送是物流活动中一种特殊的、综合的活动形式。总的来说，配送与商流、物流、资金流紧密结合，并且主要包括了商流活动、物流活动和资金流活动，可以说它是包括了物流活动中大多数必要因素的一种业务形式。从物流来讲，配送几乎包括了所有的物流功能要素，是物流的一个缩影或在某小范围中物流全部活动的体现。

一般的配送集装卸、包装、保管、运输于一身，通过这一系列活动完成，达到将货物送达的目的。特殊的配送则还要以加工活动为支撑，所以包括的方面更广。但是，配送的主体活动与一般物流却有所不同，一般物流是运输及保管，而配送则是运输及分拣配货，分拣配货是配送的独特要求，也是配送中有特点的活动，以送货为目的的运输则是最后实现配送的主要手段，从这一主要手段出发，常常将配送简化地看成运输中的一种。

中华人民共和国国家标准《物流术语》中配送的概念是："在经济合理区域范围内，根据客户要求，对物品进行拣选、加工、包装、分割、组配等作业，并按时送达指定地点的物流活动。"

二、配送中心的概念

1. 日本《市场用语词典》对配送中心的解释

配送中心是一种物流结点，它不以储藏仓库这种单一的形式出现，而是发挥配送职能的流通仓库,也称作基地、据点或流通中心。配送中心的目的是降低运输成本、抓住销售机会,为此建立设施,购买设备,并开展经营、管理工作。

2. 《物流手册》对配送中心的定义

配送中心是从供应者手中接受多种大量的货物,进行倒装、分类、保管、流通加工和情报处理等作业,然后按照众多需要者的订货要求备齐货物,以令人满意的服务水平进行配送的设施。

3. 《现代物流学》对配送中心的定义

配送中心是从事货物配备(集货、加工、分货、拣选、配货)和组织对用户的送货,以高水平实现销售或供应的现代流通设施。

4. 中华人民共和国国家标准《物流术语》

配送中心是指从事配送业务的物流场所或组织,并且应基本符合下列要求:

1)主要为特定的用户服务。
2)配送功能健全。
3)完善的信息网络。
4)辐射范围小。
5)多品种、小批量。
6)以配送为主,储存为辅。

三、配送中心的功能和作用

1)减少交易次数和流通环节。
2)产生规模效益。
3)减少客户库存,提高库存保证程度。
4)与多家厂商建立业务合作关系,能有效而迅速地反馈信息,控制商品质量。
5)配送中心是现代电子商务活动中开展配送活动的物质技术基础。

四、配送中心的类型

1. 按配送中心的经济功能分类

(1)供应型配送中心 供应型配送中心是指专门向某些用户供应货物,充当供应商角色的配送中心,其服务对象主要是生产企业和大型商业组织(超级市场或联营商店)。

2009年10月20日,上海通用汽车全国配件配送中心在上海浦东康桥工业园区正式落成,如图1-2所示。与该中心合为一体的上海通用汽车首个售后配件包装中心同步启用。上海通用汽车全国配

图1-2 上海通用汽车全国配件配送中心

件配送中心的建设规模、硬件设施、储运能力、管理模式都在国内首屈一指,达到国际先进水平。它的投入运营,将进一步巩固上海通用汽车售后保障体系的领先地位,并将进一步加快客户响应速度,提升客户服务质量。本书所介绍的配送中心以供应型配送中心为主。

(2) 销售型配送中心　销售型配送中心执行销售的职能。以销售商品为主要目的,以开展配送为手段而组建的配送中心属于销售型配送中心。

(3) 储存型配送中心　储存型配送中心是指有很强储存功能的配送中心。一般来讲,在买方市场下,企业成品销售需要有较大库存支持,其配送中心可能有较强储存功能;在卖方市场下,企业原材料、零部件供应需要有较大库存支持,这种供应配送中心也有较强的储存功能。大范围配送的配送中心,需要有较大库存,也可能是储存型配送中心。我国目前拟建的配送中心都采用集中库存形式,库存量较大,多为储存型。瑞士诺华(Novartis)公司(见图1-3)的配送中心拥有世界上规模居于前列的储存库,可储存4万个托盘。

图1-3　瑞士的诺华(Novartis)公司

2. 按物流设施的归属分类

(1) 自有型配送中心　自有型配送中心隶属于某一个企业或企业集团,通常只为本企业提供配送服务。连锁经营的企业常常建有这类配送中心,如美国沃尔玛公司所属的配送中心,就是公司独资建立并专门为本公司所属的连锁企业提供商品配送服务的自有型配送中心。

(2) 公共型配送中心　公共型配送中心是以整个社会系统的要求出发,面向所有用户提供后勤服务的配送组织。一般来说,公共配送中心主要建立在中心城市,这是因为中心城市具有市场发达、用户相对集中、信息集中、地理位置、交通运输和通信设施发达等方面的优势。

(3) 合作型配送中心　合作型配送中心是由几家企业合作兴建、共同管理的物流设施,多为区域性配送中心。上海市政府、流通主管部门所规划发展的百货、粮食、副食等四大配送中心为区域内联合的合作型配送中心。

3. 按服务范围和服务对象分类

按服务范围和服务对象分类,配送中心分为城市配送中心和区域配送中心。

4. 按运营主体的不同分类

按运营主体的不同分类，配送中心分为以制造商为主体的配送中心、以批发商为主体的配送中心、以零售商为主体的配送中心和以运输业务为主体的配送中心。

五、认识配送作业流程

配送的一般流程为：备货→存储→分拣→配货→补货→配装→送货→回程，现将每个流程的作业内容分述如下：

1. 备货

一般备货工作包括客户需求测定、筹集货源、购货或订货、集货等有关货物的数量与质量检查、结算交接等工作。

2. 存储

存储作业的主要任务是把将来要使用或要出货的物料做保存，并且对库存品经常进行核检控制，储存时要注意充分利用空间，还要注意存货的管理。配送存储阶段的库存管理主要包括进货入库作业管理、在库保管作业管理和库存控制三个部分。

3. 分拣

分拣是配送不同于其他物流形式而特有的业务流程，也是确保配送成功的重要一步。分拣作业的目的正是在于正确且迅速地集合客户所订购的商品。

4. 配货

配货，即根据每个客户对于商品种类、规格型号、数量、时间及地点等不同的要求，按照合理的配送路径和装车要求对商品进行组合配置的活动。

5. 补货

补货作业是指从保管区域将货品移动到拣货区域，并做相应的信息处理。

6. 配装

单个客户配送数量不能达到车辆的有效载运负荷时，就要集中不同客户的配送货物进行搭配装载，以充分利用运能、运力。配装是现代配送不同于以往送货活动的重要区别。

7. 送货

送货是指将拣取分类完成的货品做好出货检查，装入合适的容器，做好标识，根据车辆调度或客户要求等指示将物品运至出货准备区，然后装车配送至客户指定地点。

8. 回程

一般情况下，车辆回程往往是空驶，这也是影响配送成本的主要因素之一。在进行稳定的计划配送时，回程车可将包装物、废弃物、次品运回集中处理，或者将客户的产品运回配送中心作为配送资源，或者在配送服务对象所在地设立返程货物联络点，顺路带回货物，尽量减少空车返回次数。

任务实施

学生以小组为单位，完成配送中心的参观任务。

任务巩固

查找有关资料与视频，了解各类型的配送中心的特点。

任务考核

配送中心基础知识评价表见表 1-1。

表 1-1　配送中心基础知识评价表

考评人		被考评人	
考评地点			
考评内容	解读配送中心		
考评标准	内容	分值/分	实际得分
	配送和配送中心的概念描述	20	
	配送中心的功能、作用和类型描述	30	
	画出关于配送的流程图	30	
	团队合作	20	
合计		100	

注：考评满分为 100 分，60~70 分为及格；71~80 分为中等；81~90 分为良好；91 分以上为优秀。

任务二　配送作业的岗位内容

任务描述

某配送中心面积达 5.6 万 m^2，有 80 个出货门，日处理能力达 44 万箱，最高可支持 100 家大型超市店面的货物储存和配送工作。请模拟配送主管的角色，结合实际为新入职的员工小何进行培训。培训内容为根据配送中心的实际情况，对涉及的各个岗位的工作内容做讲解。

知识准备

一、配送中心的组织架构

配送中心就是一个专门从事物流活动的组织，随着配送规模的扩大，以及业务关系的日益复杂，组织结构在组织工作中的作用越来越显著，而且在整个管理工作中的地位也越来越重要。

配送中心管理机构的组织模式大致可以分为金字塔式、参谋式、矩阵式。下面具体介绍各种模式。

1. 金字塔式组织模式

金字塔式组织模式也称直线职能制，是一种按配送的基本职能来层层划分的模式，在这种模式下，下级对上级负责，上级的工作内容是监督下级，配送中心的经理负责所有的活动，如订货、库存、保管、运输、配货和客户服务等。金字塔式组织模式的结构简图如图 1-4 所示。

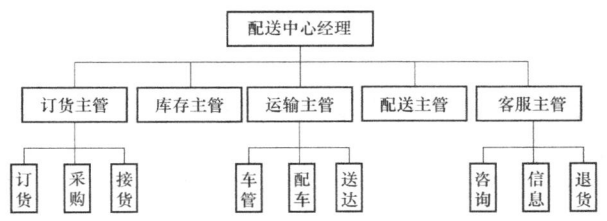

图 1-4　配送中心金字塔式的组织模式

2. 参谋式组织模式

参谋式组织模式是一种把有关物流活动的参谋组织起来，单独履行参谋职能，而基本的物流活动还是在配送中心中进行的组织模式。参谋式组织模式主要是从计划、预测、客户服务、技术及成本分析等方面对配送中心的经理提供参谋和建议。参谋式组织模式的结构简图如图 1-5 所示。

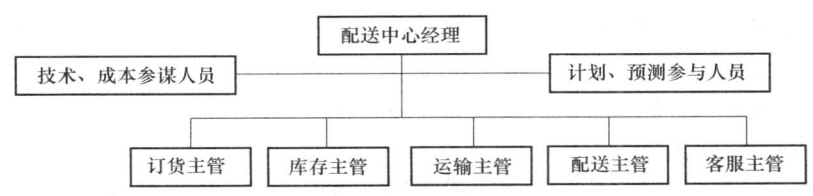

图 1-5　配送中心参谋式的组织模式

3. 矩阵式组织模式

矩阵式组织模式是在直线职能制组织系统的基础上，再增加一种横向的领导系统，组成一个为完成一个特定规划任务的机构。这种组织的成员一般都接受两个方面的领导，即在工作业务方面接受原单位和部门的垂直领导，而在执行具体规划任务时，接受规划任务负责人的领导。这种组织的优点是：机动、灵活，可随项目的开发与结束进行组织或解散，避免各部门的重复劳动，使管理方法更具专业化。

配送中心的计划与运作往往贯穿于配送中心各种职能之中，配送中心经理负责整个配送系统的管理，但对其中的活动并没有直接的管辖权。配送中心分享职能部门的决策权，各项费用的支出，不仅要通过各职能部门的审查，还要通过配送中心经理的审查。各部门协调合作以完成特定的配送作业。矩阵式组织模式的结构简图如图 1-6 所示。

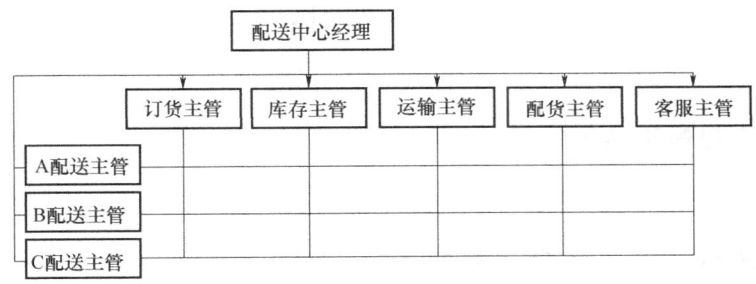

图 1-6　配送中心矩阵式的组织模式

二、配送中心的部门设置

配送中心的部门设置应该由配送中心的组织结构模式、功能和作业流程来决定。配送中心一般可以设置如下部门：

（1）采购部或进货部　采购部或进货部主要负责订货、采购、进货等安排及相应的事务处理，同时负责对货物的验收工作。

（2）仓储部　仓储部负责货位安排，堆码指挥，货物的保管、拣取、养护等作业环节与管理。

（3）装卸搬运部　装卸搬运部承担车辆装卸、货物搬运、堆码作业等作业。

（4）流通加工部　流通加工部负责按照客户的要求对货物进行包装、加工。

（5）运输部　运输部负责按客户的要求制订合理的运输方案，将货物送交客户，同时对配送进行确认。

（6）配货部　配货部负责对配送货物的拣选和组配作业进行管理。

（7）退货处理部　退货处理部主要负责客户、商业终端损坏，以及过期、滞销等有问题商品的处理工作。

（8）客户服务部　客户服务部负责接受和传递客户的订货信息、送达货物的信息，处理客户的投诉，以及受理客户的退货要求。

（9）财务部　财务部负责核对配送完成表单、出货表单、进货表单、库存管理表单，协调、控制、监督整个配送中心的货物流动，同时负责管理各种收费和物流收费统计、配送费用结算等工作。

（10）信息部　信息部主要负责配送中心计算机硬件和软件的采购、维护、管理，尤其是信息管理系统的实施与运作。

以上部门设置是一般配送中心的主要部门。实际中，由于配送中心的规模不同，其具体的部门设置也不尽相同。图1-7是一般的配送中心的部门结构。

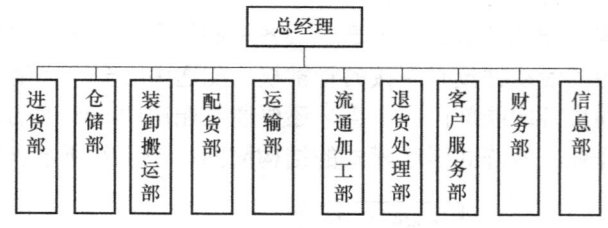

图1-7　一般的配送中心的部门结构

三、配送中心有关岗位的说明

1．收货员

1）岗位设置目的：按照收货质量标准完成配送中心的收货工作。

2）主要工作职责及衡量标准见表1-2。

表 1-2 收货员的主要工作职责及衡量标准

重要性	工作职责	衡量标准
1	服从主管的分配，完成本职工作	主管满意度
2	按照收货标准进行收货	工作效率、准确率、收货质量
3	对拒收商品要填写拒收通知单，并做好解释工作	供应商无投诉
4	做好分管区域的卫生工作	现场整洁

2．拣货主管

1）岗位设置目的：根据配送中心岗位的设置，完成本仓库的拣货、库存保管及其他日常工作，并对商品进行保养和维护，同时配合上级完成其他任务。

2）主要工作职责及衡量标准见表 1-3。

表 1-3 拣货主管的主要工作职责及衡量标准

重要性	工作职责	衡量标准
1	对拣货组的工作质量全面负责。指导、监督员工的拣货工作。严格贯彻、落实拣货的工作规范	拣货组工作质量
2	根据各拣货区的拣货量，合理安排和调配劳动力，做好现场的指挥、协调工作	拣货组工作效率
3	协调与配货组、搬运组的关系	相关环节衔接顺畅
4	做好仓库的库存管理及库区微调工作	库存准确性、商品质量
5	负责拣货区域的安全及防损工作，确保人员、商品、设备的安全	人、财、物的安全
6	保持工作环境整洁，无安全隐患	库区整洁
7	完成对员工的考勤，按考核标准对员工进行绩效考核	考勤准确，考核公正
8	完成仓库主任交办的其他工作	执行力度

3．拣货员

1）岗位设置目的：根据配送中心岗位的设置，对商品按任务顺序进行分拣，以及保养和维护，并配合主管完成其他任务。

2）主要工作职责及衡量标准见表 1-4。

表 1-4 拣货员的主要工作职责及衡量标准

重要性	工作职责	衡量标准
1	服从任务安排	执行力度
2	按拣选任务顺序拣货	效率及准确率
3	对商品进行保养和维护	损耗率
4	盘点和转仓	效率及准确率
5	做好分管区域的库区整理与整顿工作，保持工作环境整洁，无安全隐患	分管区域整洁、整齐
6	完成主管交给的其他任务	执行力度

4．仓储部主任

1）岗位设置目的：根据配送中心岗位的设置，全面负责仓储部的商品收货、配货、商品养护及仓库出租的各项管理工作，做好仓储部各环节的协同工作，提高绩效。

2）主要工作职责及衡量标准见表 1-5。

表1-5 仓储部主任的主要工作职责及衡量标准

重要性	工作职责	衡量标准
1	全面负责仓储部的日常管理工作	日常记录的完整度
2	组织实施仓储部的各项工作,合理调配劳动力	仓储整体效率
3	负责督察作业组日常工作情况,督促工作进度,协调与运输部、信息部、退货部等部门的关系	仓储部顺畅运作及相关环节满意度
4	负责仓储部的工作质量及商品安全	差错率及损耗率
5	负责收发货过程中异常情况的处理决策	遵守异常情况处理的原则和流程
6	针对商品布局提出调整意见和计划,并负责组织实施	商品布局合理性
7	做好仓储部的团队工作及人员管理	员工出勤率,团队稳定性,执行力
8	负责仓库出租及出租仓库管理	仓库的出租率及出租仓库的安全
9	做好经理室交办的其他事务	经理满意度

5. 调度主管

1)岗位设置目的:根据配送中心岗位设置的目的,负责配送中心的车辆调度工作,高效地完成配车工作。

2)主要工作职责及衡量标准见表1-6。

表1-6 调度主管的主要工作职责及衡量标准

重要性	工作职责	衡量标准
1	对调度组的工作质量全面负责。确保配运调度及时、合理、安全、高效	调度组工作质量、效率与成本核算
2	监督、调控集货进度,及时调度运输车辆,进行合理配载	集发货进度、合理配载
3	负责与驾驶员商品交接的签单审核,负责门店签收单的回收、审核、保管	正确性、规范性、完整性
4	负责处理运输过程中商品灭失、装卸造成的破损等事故的索赔	赔偿处理及时性
5	负责集货、待运区的人、财、物的安全,教育本组员工安全作业	人、财、物安全
6	合理安排和调配本组劳动力,做好本组员工的考勤	考勤正确
7	完成分管区域的卫生工作	地面整洁
8	完成上级交办的其他工作	上级满意度

6. 打单员

1)岗位设置目的:根据配送中心岗位设置的目的,全面负责配送中心的各类单据审核、交接、计算机录入、打印工作。

2)主要工作职责及衡量标准见表1-7。

表1-7 打单员的主要工作职责及衡量标准

重要性	工作职责	衡量标准
1	商品数据及商品相关单据的审核及打印	正确性、规范性、完整性
2	登记来电,并协助部门经理或主管及时查询相关商品的库存	正确性、规范性、完整性
3	配合财务部及其他部门做好各种资料的查询工作	查询效率、准确度
4	受理并检查送货订单、验收入库	入库环节规范
5	完成当天各项单据的计算机录入工作,并整理登记交财务做账	记录正确
6	所有单据的交接工作	交接完整
7	对已完成的收货进行系统的定案确认工作	正确性、规范性
8	办公室计算机、打印机等设备的维护和保养	设备损耗程度
9	做好收货办公室的清洁卫生工作	7S管理要求
10	完成主管交办的其他工作	主管满意度

7. 残次库管理员

1）岗位设置目的：根据配送中心岗位的设置，对退货商品及相关单据进行审核、分类、整理，并负责退货仓库区域的管理工作。

2）主要工作职责及衡量标准见表1-8。

表1-8　残次库管理员的主要工作职责及衡量标准

重要性	工作职责	衡量标准
1	服从任务安排	执行力度
2	与驾驶员做好退货的交接工作	正确性、规范性、完整性
3	将所有需要退货的商品进行整理	7S 管理要求
4	及时清点，审核退货单据，交打单员审核、打单	清点、审核无误
5	通知供应商来取退货，并为退货的供应商办理手续	信息传达无误
6	超过一个月的商品做好登记，报财务部进行扣费	登记无误
7	负责报损商品的报损程序办理	报损及时
8	做好分管区域的库区整理与整顿工作，保持工作环境整洁，无安全隐患	7S 管理要求

8. 配送中心车队队长

1）岗位设置目的：根据配送中心岗位的设置，负责配送中心的车辆管理工作。

2）主要工作职责及衡量标准见表1-9。

表1-9　配送中心车队队长的主要工作职责及衡量标准

重要性	工作职责	衡量标准
1	负责公司配送车辆的维修和保养	无行车安全事故
2	定期组织驾驶员学习交通法规	驾驶员对交通法规的掌握情况
3	监督检查驾驶员使用车辆情况	车辆损耗情况
4	督促检查驾驶员进行车辆保养、清洁工作	7S 管理要求
5	控制车辆使用费用，降低营运成本	车辆运营成本
6	合理安排和调配劳动力，做好员工的考勤工作	排班与考勤标准
7	对上级负责，服从上级管理	上级满意度

9. 配送中心驾驶员

1）岗位设置目的：根据配送中心岗位的设置，负责配送中心的商品运输工作及所开车辆的管理工作。

2）主要工作职责及衡量标准见表1-10。

表1-10　配送中心驾驶员的主要工作职责及衡量标准

重要性	工作职责	衡量标准
1	负责将总仓商品安全、准确、及时送达目的地	行车安全
2	定期学习交通法规	交通法规的掌握情况
3	负责所开车辆的保养维修，填写车辆安全检查记录	车辆损耗情况
4	保持车辆干净、整洁、美观	车辆的整洁美观
5	发车前检查车辆状况，严禁把车辆借给他人驾驶	人、财、物安全
6	协助送货员装货、卸货	装卸效率
7	对上级负责，服从上级管理	上级满意度

10. 分货员

1）岗位设置目的：根据配送中心岗位的设置，将收到的货物送到指定地点并进行码放，并配合主管完成其他任务。

2）主要工作职责及衡量标准见表1-11。

表1-11　分货员的主要工作职责及衡量标准

重要性	工作职责	衡量标准
1	服从任务安排	执行力度
2	监督收货员的收货过程	效率及准确率
3	将收货员收好的货物按分货单内容送到指定地点	工作效率
4	商品按规定安全码放	符合码放规定
5	货分好后在分货单上签名备查	核对签名
6	完成主管交给的其他任务	主管满意度

11. 复核员

1）岗位设置目的：根据配送中心岗位的设置，负责配送单与实物数量的复核工作，送货件数的清点交接工作，并配合主管完成其他任务。

2）主要工作职责及衡量标准见表1-12。

表1-12　复核员的主要工作职责及衡量标准

重要性	工作职责	衡量标准
1	服从任务安排	执行力度
2	负责配送单与实物数量的复核工作	准确率
3	将零散商品放在周转箱内，并在配送单相应商品清单后面注明箱号	工作效率
4	对货物进行清点，完成交接工作并在交接单上签名	核查签名
5	完成主管交给的其他任务	主管满意度

任务实施

学生以小组为单位，按照以下步骤完成任务：

1．每组2~3人，确定一个组长。每组学生按配送中心的部门命名，组内同学选择相应的岗位。

2．教师播放货物配送的视频，每组的组长叙述在货物配送时本部门的工作内容。

3．每组的成员根据选择的岗位叙述该岗位的工作要求和职业素养。

4．各组改变部门，每组的组长叙述新部门在货物配送时的工作内容。

5．各组成员叙述新岗位的工作要求和职业素养。

任务巩固

参观学校附近比较大型的配送中心，画出该配送中心的作业流程图和涉及的岗位。

任务考核

配送作业岗位知识评价表见表1-13。

表1-13 配送作业岗位知识评价表

考评人		被考评人	
考评地点			
考评内容	配送作业的岗位内容		
考评标准	内容	分值/分	实际得分
	配送中心部门职责描述	20	
	配送中心岗位职责描述	20	
	配送中心其他部门及岗位职责描述	40	
	组长的语言表达能力、积极性	10	
	组员的语言表达能力、团队合作能力	10	
合计		100	

注：考评满分为100分，60~70分为及格；71~80分为中等；81~90分为良好；91分以上为优秀。

项目二 配送信息系统应用

学习目标

1. 理解配送信息系统的业务流程。
2. 了解配送信息系统业务流程的操作要求。
3. 掌握配送信息系统相关的配套设备的操作。

项目概述

2016年9月1日,某配送中心有一批货物入库:
入库货物见表2-1。

表2-1 入库货物

序号	商品名称	商品条码	数量	供应商
1	飘柔护发素 400mL	6903148075982	24箱	宝洁集团
2	飘柔洗发水 1000mL	6903148131404	30箱	宝洁集团

9月2日,沃尔玛超市发来要货单,部分要货货物见表2-2。

表2-2 要货单

客户名称	沃尔玛超市	单号			DD0022
货品明细					
序号	货品编号	货品名称	规格	单位	数量
1	61402122	飘柔护发素 400mL	30瓶/箱	箱	2
2	61402145	飘柔洗发水 1000mL	40瓶/箱	箱	3

任务一 配送信息系统

任务描述

利用配送信息系统完成一批货物从入库到配送的信息操作流程。

知识准备

一、配送信息系统的概念

配送信息系统是配送信息化的核心,有较强的综合性,主要目的是向各配送点提供配送信息,根据订货查询库存及配送能力,发出配送指令、结算指令及发货通知,汇总及反馈配送信息。

二、配送信息系统的功能和作用

配送信息系统的基本功能可以归纳为以下几个方面：

1．数据的收集和输入

配送数据的收集首先是将数据通过收集子系统从系统内部或外部收集到预处理系统中，并整理成为系统要求的格式和形式，然后再通过输入子系统输入到配送信息系统中。

2．信息的存储

配送数据进入系统之后，在其得到处理之前，必须在系统中存储下来。当得到处理之后，如果没有完全丧失信息价值，往往也要将结果保存下来，以供使用。配送信息系统的存储功能就是保证已得到的信息能够不丢失、不走样、不外泄、整理得当、随时可用。

3．信息的传输

配送数据和信息在配送系统中必须及时准确地传输到各个环节，这样才能发挥其功效。

4．信息的处理

配送信息系统的最基本目标就是将输入数据加工处理成配送信息，以供配送作业及决策使用。信息处理可以是简单的查询、排序，也可以是复杂的模型求解和预测，信息处理能力是衡量配送信息系统能力的一个重要方面。

5．信息的输出

信息的输出必须采用便于人或计算机理解的形式，在输出形式上力求易读易懂，直观醒目。这是评价配送信息系统的主要标准之一。

三、配送信息系统的结构

要想建设一个高效率、高服务水平的现代化配送中心，配送中心信息系统的建设管理是关键。配送中心的信息系统除了要管理好仓库内部的作业外，还要与企业其他信息管理系统连接，保证企业的正常业务运转。

配送信息系统的基本功能模块包括基本管理系统、进货入库管理系统、在库管理系统、出货出库管理系统、运输管理系统五大模块。

任务实施

学生以小组为单位，完成如下任务：
1．学会操作配送信息系统软件。
2．完成一批货物从入库到配送的信息操作流程。

任务巩固

调研企业都使用什么样的配送信息系统。

任务考核

配送信息系统使用能力评价表见表2-3。

表2-3 配送信息系统使用能力评价表

考评人		被考评人	
考评地点			
考评内容	配送信息系统作业		
考评标准	内容	分值/分	实际得分
	配送信息系统软件操作	40	
	配送信息操作流程	40	
	团队合作	20	
合计		100	

注:考评满分为100分,60~70分为及格;71~80分为中等;81~90分为良好;91分以上为优秀。

任务二 条码、条码设备的使用

任务描述

配送中心准备入库的部分货物见表2-4。

表2-4 配送中心准备入库的部分货物

序号	商品名称	商品条码	数量	拟分配货位编码	拟分配托盘编码
1	飘柔护发素400mL	6903148075982	12箱	03040302	TP000123
2	飘柔洗发水1000mL	6903148131404	10箱	03040101	TP000133

请使用条码软件制作货位和托盘条码,并进行打印。

知识准备

一、条码自动识别技术的含义

条码自动识别技术是在计算机的应用实践中产生和发展起来的一种技术。它通常是指研究如何将计算机所需要的数据转变成计算机可自动采集的数据,即条码识别技术。要制作条码符号,首先要有编码规则,然后采用多种印刷方法或专用的条码印刷机印刷出条码。要阅读条码符号所含的数据,需要一个扫描装置和译码装置。当扫描器扫过条码符号时,根据光电转换原理,条和空的宽度就变成了电流波,被译码器译出,转换成计算机可读数据。

二、物流常用条码

1. 商品条码

商品条码是用于标识国际通用的商品代码的条码,包括 EAN 商品条码(EAN-13 商品条码和 EAN-8 商品条码)和 UPC 商品条码,如图 2-1 所示。物流中应用的是 EAN 码制中的 EAN-13 码。

图 2-1　EAN-13 码、EAN-8 码和 UPC 码

2. 储运单元条码

(1)定量储运单元条码　单个大件商品的储运单元又是消费单元时,其代码就是通用商品代码,如冰箱、彩电等大件。当定量储运单元内含有不同种的定量消费单元时,条码标识可用 EAN-13 码,也可用 14 位交插二五条码(即 ITF-14 码),如图 2-2 所示。

图 2-2　ITF-14 条码标识

(2)变量储运单元编码　变量储运单元编码是由 14 位数字的主代码和 6 位数字的附加代码组成的,都用交插二五码表示。变量储运单元主代码用 ITF-14 条码标识,附加代码用 ITF-6 条码标识。

3. 贸易单元条码

商品条码与储运单元条码都属于不携带信息的标识,在物流配送过程中,如果需要将生产日期、有效期、运输包装序号、重量、体积、尺寸、送出地址、送达地址等重要信息条码化,以便扫描输入,这时就可以应用 EAN-128 码,如图 2-3 所示。

图 2-3　EAN-128 条码标识

4. 二维条码

前面提到的三种条码均为一维条码,信息容量很小,更多的描述商品的信息只能依靠数据库的支持,因而条码的应用范围受到了一定的限制。二维条码的出现解决了一维条码不能解决的问题,它能够从横向和纵向两个方位同时表达信息,不仅能在很小的面积内表达大量的信息,而且能够表达多种文字和处理多媒体信息。常用二维条码如图 2-4 所示。

四一七条码（417 Bar Code）　　四九条码（Code 49）　　16K 条码（Code 16K）

Code One 条码（Code One）　　Data Matrix 条码（Data Matrix Code）　　QR 码（QR Code）

图 2-4　常用二维条码码制

三、条码设备

1. 条码识读器

条码识读器又称为条码扫描器、条码扫描枪，是用于读取条码所包含信息的阅读设备，如图 2-5 所示。它利用光学原理，把条码的内容解码后通过数据线或无线的方式传输到计算机或别的设备中。

图 2-5　条码识读器

2. 条码打印机

条码打印机简称条码机，也称为标签打印机和标签机，是一种以不干胶标签、PET 标签、吊牌、水洗布等为打印介质，能够大量快速打印条码、文字、符号、图片的专业打印设备，如图 2-6 所示。

图 2-6　条码打印机

项目二 配送信息系统应用

任务实施

学生以小组为单位,完成如下任务:
1. 小组使用条码软件制作托盘和货物的条码,并使用条码打印机打印出条码。
2. 小组使用条码识读器扫描读取商品条码获得货物的相关信息。

任务巩固

收集条码在物流管理中的应用案例。

任务考核

条码、条码设备的使用能力评价表见表2-5。

表2-5 条码、条码设备的使用能力评价表

考评人		被考评人	
考评地点			
考评内容	条码、条码设备的使用		
考评标准	内容	分值/分	实际得分
	条码制作	30	
	条码打印	30	
	条码识读器扫描	20	
	团队合作	20	
合计		100	

注:考评满分为100分,60~70分为及格;71~80分为中等;81~90分为良好;91分以上为优秀。

项目三　入库作业

学习目标

1. 学会处理客户的订单。
2. 掌握配送中心的货物验收作业流程。
3. 熟练地按要求检验货物的质量和数量。

项目概述

沃尔玛某配送中心2016年3月1日接到A、B两个客户的订单，要求次日将货物配送到商店。A客户需要白猫1300g超能洗衣粉1200箱、中华200g含氟牙膏500箱、白诗248mL负离子焗油洗发水200箱；B客户需要白猫1300g超能洗衣粉800箱、中华200g含氟牙膏500箱、飘柔400mL润肤洗液200箱。现已知库存能满足两订单的需要，为保证准时完成客户订单的配送，经理小李对两个订单进行了准确的分析，对部门人员进行了明确的分工，并提出了必要的要求。

任务一　订单处理作业

任务描述

现已知沃尔玛某配送中心库存能满足两个订单的需要，上述四种产品在配送中心是分区存放的。

假如你是该配送中心的接单员，试问：

1. 你将采用何种存货分配模式？如果四种产品分区存放，订单处理应制作哪几种单据？
2. 如何以流程图表示订单处理及后续配送作业的过程？

知识准备

一、订单处理作业概述

配送业务活动是以客户订单发出的订货信息作为驱动源的。订单处理是调度和组织配送活动的前提和依据，是其第一个环节，是其他各项作业的基础，也是配送服务质量得以保证的根本。订单完成水平的高低直接决定了配送中心的服务水平，订单处理的作业效率在很大程度上体现了配送中心的运作效率。

作为配送作业的核心流程之一，订单处理在提高用户满意度和提升企业竞争力方面起着非常重要的作用。特别是随着 ERP 等计算机技术的实施，订单处理不再是一个孤立的环节，它打破了内部供应链各个环节的障碍，使订单信息流、物流、资金流能够融入整个内部供应链系统，与其他各个环节紧密配合。各环节的通畅，以及信息准确性和高效率的传递为企业提升配送竞争力奠定了坚实的基础。

（一）订单处理作业的定义

订单处理是指从接到客户订货开始，到准备拣货为止的作业阶段，对客户订单进行品项数量、交货日期、客户信用度、订单金额、加工包装、订单号码、客户档案、配送货方法和订单资料输出等一系列的技术工作。在《物流中心作业通用规范》（GB/T 22126—2008）中指出：订单处理（Order Processing）是指有关客户和订单的资料确认、存货查询和单证处理等活动。

订单处理有人工处理和计算机处理两种形式，目前主要是计算机处理。订单处理流程如图 3-1 所示。

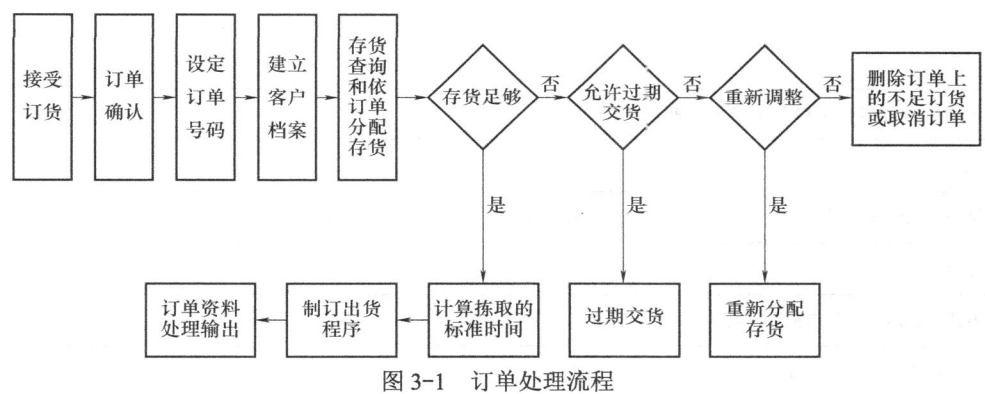

图 3-1 订单处理流程

（二）订单的内容

订单表头档：订单号、订货日期、客户代号、客户名称、客户采购单号、送货日期、送货地址、配送批次、付款方式、业务员号、配送要求、订单型态、备注。

订单详细档：订单号、商品代码、商品名称、商品规格、商品单价、订购数量、订购单位、金额、折扣、交易类别。

（三）订单处理系统的特点

1）订单处理是配送中心所有物流作业组织的开端和核心。
2）订单处理的作业范围超越了配送中心的内部作业范围。
3）订单处理的作业伴随整个配送活动的全过程。
4）信息化要求高，能够迅速有效地处理大量数据。
5）能够进行严格的数据编辑处理，确保正确性和时效性。
6）可以进行数据的存储和积累。
7）可以提高数据处理的速度，进而加速业务的时程。

（四）案例：××超市××店的订单（见表3-1）

表3-1　××超市××店的订单

NO：×××018

订货单位：××超市××店					电话：××××××××××			
地址：××市××区××街111号					订货日期：2016年6月18日			
序号	品名	规格	数量	重量	体积（长×宽×高）	单价	总价/元	备注
1	福光柴鸡蛋	60枚/盒	20盒	80kg	30cm×18cm×15cm	60元/盒	1200	
2	蒙牛酸牛奶	18袋/箱	10箱	45kg	60cm×30cm×20cm	35元/箱	350	
3	金龙鱼色拉油	4桶/箱，5L/桶	25箱	500kg	80cm×80cm×50cm	100元/桶	10000	
…	……							
合计								
交货日期：2016年6月19日下午4:30前								
交货地点：								
订单型态：□一般交易　□现销式交易　□间接交易　□合约交易　□寄库交易　□其他								
加工包装：								
配送方式：□送货　□自提　□其他								
用户信用：□一级　□二级　□三级　□四级　□五级								
付款方式：								
特殊要求：								
制单：					审核：			

二、订单处理的基本原则

1．缩短订单处理周期

订单处理周期的长短取决于所包括各业务环节所需要的时间。尽量缩短订单处理的周期，可大大减少客户的时间成本，提高客户所获得的让渡价值，提高客户的满意度。

2．要使客户产生信任

客户订货的基础是信任。配送企业要明确订单处理工作是开展客户经营的重要组成部分，这次处理不当将影响下次订货，要通过订单处理建立客户对品牌的信任和认同。

3．提供紧急订货

提供紧急订货主要是为了应对用户由于各种原因而产生的突发性需求，大型的配送企业应当具备较高的应急能力，支持和保障用户的经营活动，这是与客户建立长远合作关系的重要手段。

4．减少缺货现象

缺货现象是使客户转向其他供货来源的主要原因。增加并保证客户连续订货的关键之一是减少缺货。

5．不忽略小客户

小客户有可能发展成为大客户。对小客户的订单处理得当，将会提高小客户的满意度，可能会带来以后的大批量订购或持续订购，也可能会因口碑宣传带来新的客户。

6．装配要求完整

企业所提供的货物应尽量装配完整，便于客户使用，或者采取便于客户自行装配的措施。

7．提供对客户有利的包装

针对不同客户的不同要求，配送企业应采取不同的包装，如有的适用于货架上摆放，有的适用于促销等。

8．要随时提供订单处理的情况

配送企业要让客户随时了解订单处理的情况，以便于接货、销售。

三、订单处理作业流程

（一）接受订货

接受订货也称为接单，是订单处理的第一步。订货方式主要有传统订货与电子订货两种。随着流通环境及科技的发展，接受客户订货的方式也逐渐由传统的人工下单、接单演变为计算机间直接发送、接收订货资料的电子订货方式。

1．传统订货方式

（1）业务员跑单、接单　业务员至各客户处推销产品，而后将订单带回，或者紧急时以电话先联络公司告知客户订单。

（2）厂商补货　供应商将商品放在车上，一家家去送货，缺多少补多少。周转率较快或新上市的商品常使用此方法。

（3）厂商巡货、隔日送货　供应商派巡货人员前一天先至各客户处寻查需补充的货品，隔天再进行补货。

（4）电话口头订货　订货人员将商品名称及数量以电话口述方式向厂商订货。

（5）传真订货　客户将缺货资料整理成书面资料，利用传真机传给厂商。

（6）邮寄订单　客户将订货表单或订货磁片邮寄给供应商。

（7）客户自行取货　客户自行到供应商处看货、取货，此种方式多为以往传统杂货店因地域上较近所采用。

2．电子订货方式（见表3-2）

（1）订货簿与终端机配合　订货人员携带订货簿及手持终端机巡视货架，若发现缺货则用扫描仪扫描订货簿或货架上的商品标签，再输入订货数量，当所有订货资料皆输入完毕后，再利用计算机将订货资料传给供应商或总公司。

（2）销售时点信息系统　在销售时点信息系统（POS）里设定安全库存量，当销售商品时，POS系统会自动扣除该商品，当库存低于安全库存量时，结合日均销售趋势系统DMS，POS系统会自动产生订单，将此订单确认后传给总公司或供应商。

（3）订货应用系统　客户利用订单处理系统就可将应用系统产生的订货资料经转换软件转成与供应商约定的共通格式，在约定时间内将订货信息传送到供应商处订货。这种方式还可预测下一阶段的销售数量，及时准确地反映客户的需求。

表3-2　电子订货方式

电子订货方式	1. 订货簿与终端机配合	2. POS（Point of Sale，销售时点信息系统）	3. 订货应用系统
具体操作	订货人员携带订货簿及手持终端机巡视货架，若发现商品缺货则用扫描仪扫描订货簿或货架上的商品标签，再输入订货数量，利用计算机将订货资料传给总公司或供应商	客户设定安全存量，每当销售一批商品时，计算机自动扣除该商品库存，当库存低于安全存量时，POS系统自动产生订货资料，将此订单资料确认后即可透过信息网传给总公司或供应商	客户信息系统里若有订单处理系统，可将应用系统产生的订货资料，经由特定软件的转换功能转成与供应商约定的共通格式，在约定时间里将资料传送出去

利用传统订货方式的订货，都需要记录和建档，欲完成订货工作需人工输入资料且经常重复输入、重复填写传票，并且在输入和输出过程中经常造成时间耽误及产生错误，造成无谓的浪费。尤其现今客户更趋向于多品种、小批量、高频度的订货，并且要求快速、准确无误地配送，传统订货方式已逐渐无法应对客户的需求。

电子订货方式对零售业来说，下单快速、正确和简便，商品库存适量化，只订购所需数量，可分多次下单，完全适应多品种、小批量和高频率的订货方式，缩短交货时间，减少因交货出错的缺货概率和减少进货、验货作业。对供应商而言，简化接单作业，缩短接单时间，减少人工处理错误，使接单作业更加快捷、正确和简便；减少了退货处理作业，满足用户多品种、小批量和高频率的订货要求，缩短交货的前置时间。

（二）订单确认

1. 订单确认的主要内容

（1）确认货物名称、数量及日期　订单确认的首要工作就是订单资料的基本检查，尤其当送货时间有问题或出货已延迟时，更需要再与客户确认一下订单内容或更正期望运送的时间。

（2）确认客户信用　查核客户的财务状况，确定其是否有能力支付该件订单的账款，其做法多是检查客户的应收账款是否已超过其信用额度。相关人员可通过输入客户代号（名称）和订购货品资料两种途径进行查询。

（3）确认订单型态　配送中心面对众多的交易对象，由于客户的需求不同，其做法也有所不同，反映到接受订货业务上，则具有多种的订单交易型态及相应的处理方式。

（4）确认订货价格　不同客户（大盘、中盘、零售）、不同订购量可能有不同的售价，输入价格时应加以核对。

（5）确认加工包装　客户对于订购的商品是否有特殊的包装、分装或贴标签等要求，或是有关赠品的包装等资料，都需要详细加以确认记录。

（6）设定订单号码　每一张订单都要有单独的订单号码，所有配送工作说明单及进度报告均应附此号码。

2．订单的主要型态

（1）一般交易订单　是正常、一般的交易订单，是配送企业接单后按正常的作业程序拣货、出货、配送、收款结案的订单。

（2）现销式交易订单　现销式交易订单是指与客户当场直接交易、直接给货的交易订单。例如，业务员至客户处巡货、铺销所取得的交易订单或客户直接至物流中心取货的交易订单。

（3）间接交易订单　间接交易订单是指客户向物流中心订货，但由供货商直接配送给客户的交易订单。

（4）合约交易订单　合约交易是指与客户签订配送契约的交易。例如，签订某期间内定时配送某数量商品。

（5）寄库交易订单　寄库交易是指客户因促销、降价等市场因素而先行订购某数量商品，然后视需要再要求出货的交易。

（6）兑换券交易订单　兑换券交易是指客户用兑换券来兑换商品的交易。

3．各种订单的处理方式

（1）一般交易订单　接单后，相关人员将资料输入订单处理系统，按正常的订单处理程序处理，数据处理完后进行拣货、出货、配送、收款结案等作业。

（2）现销式交易订单　订单资料输入后，因其货品已交予客户，故订单资料不需要再参与拣货、出货、配送等作业，只需记录交易资料，以便收取应收款项。

（3）间接交易订单　接单后，相关人员将客户的出货资料传给供货商由其代配。需注意客户的送货单是自行制作或委托供货商制作，注意出货资料的核对（送货单回联的确认）。

（4）合约交易订单　在约定的送货日来临时，相关人员需将该配送的资料输入系统处理以便出货配送；或者一开始便输入合约内容的订货资料并设定各批次送货时间，以便在约定日期到时系统自动产生需送货的订单资料。

（5）寄库交易订单　当客户要求配送寄库商品时，系统应检核客户是否确实有此项寄库商品，若有，则出此项商品，并且扣除此项商品的寄库量。需注意此项商品的交易价格应依据客户当初订购时的单价计算。

（6）兑换券交易订单　配送中心将客户兑换券所兑换的商品配送给客户时，系统应查核客户是否确实有此兑换券回收资料。若有，则依据兑换券兑换的商品及兑换条件予以出货，并应收回客户的兑换券回收资料。

4．订单确认作业的时间安排

（1）截止订货时间　在订货截止时间的前一小时通常会出现大量订单，为避免这种大量订单在某一时刻涌入，可将客户分类，每类客户分别设定其订货截止时间，以分散高峰订货量。

（2）账款结算日　结算日的第二天，常有大量订单出现，可设定多种结算日期，以分散高峰时段的拥挤。

（3）节日或假日　节日或假日的前后时间，通常也是订货量较多的时段，不过这种因季节性或因消费者需求形态引起的高峰订货量较不易控制，只能由人员调用或系统功能加强来加以调控。

（三）设定订单号码

每一笔订单都要有其单独的订单号码，号码由控制单位或成本单位指定，除了便于计算成本外，还可用于制造、配送等一切有关工作，并且所有说明单及进度报告均应附此号码。

订单编号的形成方法是不同的，有的是系统自动生成的，有的可以按照习惯遵循一定的规则编制。例如，2016年3月27日接的第八个订单，就可以把此订单编号为20160327008。

（四）建立客户档案

将客户信息详细记录，不但能让此次交易更容易进行，而且有利于以后合作机会的增加。客户档案应包含订单处理需要用到的及与物流作业相关的资料，包括：

1）客户姓名、代号、等级性质（产业交易性质）。

2）客户信用额度。

3）客户销售付款及折扣率的条件。

4）开发或负责此客户的业务员。

5）客户配送区域。例如，地区、省、市、县及城市各区域等，基于地理位置或相关特性将客户按不同区域分类将有助于提升管理及配送的效率。

6）客户收账地址。

7）客户点配送路径顺序。按照区域、街道、客户位置，为客户设置适当的配送路径顺序。

8）客户点适合的车辆种类。客户所在地点的街道对车辆大小有所限制。

9）客户点卸货特性。由于建筑物本身或周围环境特性（如地下室有限高或高楼层），可能造成卸货时有不同的需求及不同的难易程度，在车辆及工具的调度上必须加以考虑。

10）客户配送要求。客户对于送货时间有特定要求或有协助上架、贴标签等要求。

11）过期订单处理指示。若客户能统一决定每次延迟订单的处理方式，则可事先将其写入资料档案，以省去临时询问或紧急处理时的不便。

客户档案有各种形式，配送中心可根据订单处理系统的要求自行设计，见表3-3。

表3-3 客户档案形式

编制日期：	片区：	新客户标志：	业务员：
客户全称：		客户编号：	
单位详细地址：			
法人代表：		联系电话：	
订（供）货负责人：		联系电话：	
送货地址：			
送货车辆种类：			
客户点卸货特性：			
客户配送要求：			
客户销售付款：		折扣率的条件：	
过期订单的处理方式：			
其他说明：			
企业规模：		注册类型：	
单位类别：		隶属关系：	
上年固定资产值：		上年总产值：	
潜在购买力：			
往年信用情况说明：			
今年信用完成能力分析：			
受信等级：		□一级 □二级 □三级 □四级 □五级	
上年销售情况：		上年贷款回笼情况：	
本年销售计划：		本年回笼计划：	
与我公司合作历史：		主要竞争对手：	
本年销售采取的方案说明：			
备注：			

（五）存货查询及依订单分配存货

1. 存货查询

存货查询是指确认是否有库存能够满足客户需求，又称"事先拣货"。存货档案的资料一般包括货品名称、代码、产品描述、库存量、已分配存货、有效存货及期望进货时间。查询存货档案资料，看此商品是否缺货，若缺货，则应提供商品资料，或者查询此缺货商品是否已经采购但未入库等信息，便于接单人员与客户协商是否改订其他替代品或允许延后出货等，以提高人员的接单率及接单处理效率。

2. 存货分配

订单资料输入系统并确认无误后，最主要的处理作业在于如何将大量的订货资料做最有效的汇总分类和调拨库存，以便后续的物流作业能有效进行。存货分配的两种模式如下：

（1）单一订单分配　多为线上即时分配，也就是在输入订单资料时，就将存货分配给该订单。

（2）批次分配　累积汇总数笔订单资料后，再一次分配库存。物流配送中心因订单数量多、客户类型等级多，并且多为每天固定配送次数，因此通常采用批次分配以确保库存做最佳的分配，但需要注意订单分批灵活处理的原则与方法。

3. 批次分配的两种情况

1）库存充足的情况下，批次的划分方法见表3-4。

表3-4　库存充足的批次划分方法

批次划分的原则	处理方法
按接单时序划分	将整个接单时段划分成几个区段，若一天有多个配送批次，可配合配送批次，将订单按接单先后分为几个批次处理
按配送区域或路径划分	将同一配送区域或路径的订单汇总在一起处理
按流通加工需求划分	将需要加工处理或相同流通加工处理的订单汇总在一起处理
按车辆需求划分	若配送商品需要特殊的配送车辆（如低温车、冷冻车、冷藏车）或在客户所在地卸货，特殊类型的车辆可汇总合并处理

2）库存有限的情况下，批次的划分方法：若以批次分配选定参与分配的订单，订单的某商品总出货量大于可分配的库存量，则应如何取舍这有限的库存？可依据以下四个原则来决定客户订购的优先性：

① 具有特殊优先权者先分配。前次即应允诺交货的订单，如缺货补货订单、延迟交货订单、紧急订单或远期订单，或者客户提前预约或紧急需求的订单，应有优先取得存货的权利。

② 依客户等级来取舍。将客户重要性程度高的进行优先分配。

③ 依订单交易量或交易金额来取舍。将对公司贡献度大的订单做优先处理。

④ 依客户信用状况来取舍。将信用较好的客户订单做优先处理。

（六）计算拣取的标准时间

拣货顺序直接影响拣货的效率，它决定了拣货人员行走距离的长短，即拣货时间长短。拣货顺序可依据仓储货位的状况及货物存放的位置来确定。

由于要有计划地安排出货进程，因而对于每一张订单或每批订单可能花费的拣取时间要事先掌握，订单拣取的标准时间的计算步骤如图3-2所示。

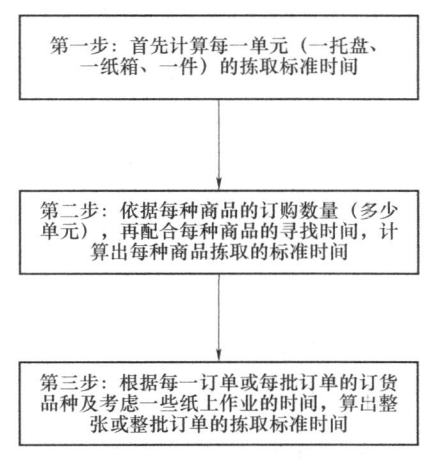

图3-2　订单拣取的标准时间的计算

这种计算只是一个粗略的计算，因为总的拣货时间还与拣货人员的行走时间、作业熟练程度有关。在保证准确性的前提下，拣货人员应尽可能缩短行走、寻找货物、拣取货物三个方面所占用的时间，从而提高拣货的效率。要想缩短这三方面的时间，就必须选择合理有效的拣货方式和辅助拣货设备。

（七）依订单排定出货时间及拣货顺序

根据存货状况能进行存货的分配，但对于已分配存货的订单，通常会再依客户需求、拣取标准时间及内部工作负荷来安排出货时间及拣货先后顺序。

（八）分配后存货不足的处理

1．存货不足处理的两种依据

（1）依客户意愿而定　有些客户不允许过期交货，而有些客户允许过期交货，还有些客户希望所有订货一同送达。

（2）依公司政策而定　一些公司可在过期后向客户进行分批补交货，但一些公司因成本原因不愿意向客户分批补交货。

2．存货不足的处理方式

配合上述客户意愿与公司政策，对于存货不足的处理方式归纳见表3-5。

表 3-5 存货不足的处理方式

存货不足的处理方式	具体说明
重新调拨	若客户不允许过期交货，而公司也不愿失去此客户订单时，则有必要重新调拨分配订单
补交货	若客户允许不足额的订货等待有货时再予补送，并且公司政策也允许，则采取"补送"方式。若客户允许不足额的订货或整张订单留待下一次订单一同配送，也采取"补送"处理
删除不足额订单	若客户允许不足额订单可等待有货时再予以补送，但公司政策并不希望分批出货，则只好删除不足额的订单。若客户不允许过期交货，并且公司也无法重新调拨，则可考虑删除不足额的订单
延迟交货	有时限延迟交货：客户允许一段时间的过期交货，并且希望所有订单一同配送 无时限延迟交货：不论需等多久，客户皆允许过期交货，并且希望所有订货一同送达，则等待所有订货到达后再出货
取消订单	若客户希望所有订单一同送达，并且不允许过期交货，而公司也无法重新调拨时，则只有将整张订单取消

订单资料经前面处理后，即可开始打印出货单据，以开始后续的物流作业。

任务实施

一、任务要求

学生按照工作人员职位与职责的不同，以 7~10 人为一组。其中，配送部经理 1 名、仓储主管 1 名、仓库管理员 2~3 名、保管员 2~3 名、信息员 1~2 名，分别扮演不同的角色。以小组为单位，完成如下任务：

1．通过小组讨论学习，了解配送作业流程中入库订单处理的各个知识点，掌握入库订单处理作业流程。

2．根据小组成员分工情况和任务的已知条件，对各种客户订单进行分析，确定采用合适的存货分配模式，在配送中心采用分区存放商品的情况下，进行正确的订单资料处理输出。并得出结论：

1）采用存货按单与批次分配的复合模式，即 A、B 两客户的订单分割、汇总。考虑四种产品的分区存放，按分区情况设计分户拣货单、品种拣货单、分货单。

2）订单处理及后续配送作业的流程如图 3-3 所示。

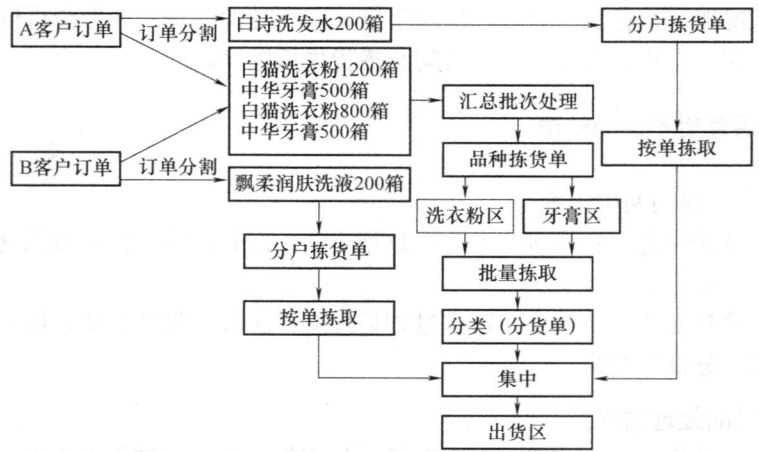

图 3-3 订单处理及后续配送作业的流程

二、所用设备

计算机、打印机、订单若干、订单处理作业讲解课件、配送企业订单处理作业视频等。

任务巩固

订单处理效率考核指标说明见表 3-6。

表 3-6 订单处理效率考核指标说明表

评估指标	指标计算	应用说明
平均每日订单数	$\dfrac{\text{订单数量}}{\text{工作天数}}$	监控每天订单变化情况，使物流业务与销售业务的配合最优化
客户平均订单数	$\dfrac{\text{订单数量}}{\text{客户数}}$	
平均每个订单包含货品个数	$\dfrac{\text{出货量}}{\text{订单数量}}$	
平均订单价	$\dfrac{\text{营业额}}{\text{订单数量}}$	

订单处理效率考核说明见表 3-7。

表 3-7 订单处理效率考核说明表

评估指标	指标计算	应用说明	改善对策
订单延迟率	$\dfrac{\text{延迟交货订单数}}{\text{订单数量}}$	订单延迟率反应交货的延迟状况，需将物流系统串联作业改为并联作业，以提高交货期的准确度	订单延迟率过高，表示企业没有按照计划与客户要求的日期交货 1）找出瓶颈作业，进而分析瓶颈作业 2）串联作业改成并联作业，以缩短出货时间 3）调整出车时间 4）掌握路况 5）改进缺货情况 6）与客户重新商定配送时间
		延迟交货产生额外的出货延迟成本： 1）客户不满所导致的收益损失 2）管理时间成本 3）额外处理成本，包括退货	订单延迟率低，但订单货件延迟率高，表示订货件数较多的客户交货延迟率较高。应实施客户 ABC 分析
订单货物延迟率	$\dfrac{\text{延迟交货量}}{\text{出货量}}$	商品数量缺货率	评价公司是否应实施客户重点管理
紧急订单交货率	$\dfrac{\text{未超过12h交货订单}}{\text{订单数量}}$	检测公司接单至交货处理周期以及紧急订单需求情况。接单到交货周期（12h）短有利于增强企业的竞争力，提高客户的满意度	为能迅速缩短接单至交货时间（12h）： 1）制订快速作业处理流程 2）拟订快速送货的成本预算，控制费用开支 突发性的紧急订单或客户随意性和缺乏计划的紧急插单，容易影响配送中心正常作业，降低作业效率和增加不必要的费用开支 1）减少紧急订单 2）确定规划一个完善的紧急插单处理系统

（续）

评估指标	指标计算	应用说明	改善对策
商店退货率	客户退货数/出货量	退货和销售折让通常是因为品质不良引起的	1）加强配送中心商品品质管理 2）加强对供应商的评估考核和新商品管理 3）改进拣选设备与作业方式 4）重视客户反映的情况 5）审核商店退货、折让协定内容的合理性
	商店退货金额/营业额		
缺货率	接单缺货数/出货量	客户订货时，库存缺货以致无法接单或无法按时出货的比率。缺货原因： 1）存量控制不好，或者库存资料不正确 2）采购时机未掌握好 3）供应商交货日期和品质的延误	1）加强存货管理，库存异动应即时登录并尽量向客户提供实时信息 2）掌握采购时机 3）加强对供应商的管理，保证准时送货 4）核对订货资料的正确性 5）加强缺货成本的控制
		缺货成本： 1）有形缺货成本： ①销售机会损失 ②延期交货成本 2）无形缺货成本 ①公司信誉与客户的丧失的损失 ②员工士气与工作效率的损失	

任务考核

订单处理作业能力评价表见表 3-8。

表 3-8 订单处理作业能力评价表

考评人			被考评人	
考评地点				
考评内容	订单处理作业			
考评标准	内容		分值/分	实际得分
	订单的内容描述		20	
	订单处理的基本原则描述		20	
	订单处理作业流程描述		10	
	任务实施情况		40	
	成员参与的积极性，语言表达能力		10	
合计			100	

注：考评满分为100分；60~70分为及格；71~80分为中等；81~90分为良好；91分以上为优秀。

任务二 货物验收作业

任务描述

假如你是某配送中心的验收人员，请按照验收作业流程对两个客户的订单进行验收作业。

项目三 入库作业

知识准备

货物验收是按照验收作业流程，核对凭证等规定的手续，对入库货物进行数量和质量检验的经济技术活动的总称，如图3-4所示。凡货物进入仓库储存，就必须经过检查验收，只有验收后的货物，方可入库保管。

图3-4 验收货物

一、货物验收的作用

所有到库货物必须在入库前进行验收，只有在验收合格后方可正式入库。这种必要性体现在：一方面，各种到库货物来源复杂，渠道繁多，从结束其生产过程到进入仓库前，经过一系列储运环节，受到储运质量和其他各种外界因素的影响，质量和数量可能发生某种程度的变化；另一方面，各类货物虽然在出厂前都经过了检验，但有时也会出现失误，造成错检或漏检，使一些不合格货物按合格货物交货。

货物验收的作用主要表现在以下几个方面：

1. 验收是做好货物保管与保养的基础

货物的验收是做好货物保管与保养和使用的基础。货物经过长途运输和装卸搬运后，包装标志容易损坏、散失，没有包装的货物更容易发生变化，这些情况都将影响到货物的保管。所以，只有在货物入库时，将货物的实际状况搞清楚，判明货物的品种、规格、质量等是否符合国家标准或供货合同规定的技术条件，数量上是否与供货单位附来的凭证相符，才能分类分区按品种、规格分别进行堆码存放，才能针对货物的实际情况采取相应的措施，对货物进行保管与保养。

2. 验收记录是仓库提出退货、换货和索赔的依据

货物验收过程中，若发现货物数量不足，或者发现规格不符，或者发现质量不合格，仓库检验人员应做出详细的验收记录，据此由业务主管部门向供货单位提出退货、换货或向承运责任方提出索赔等要求。倘若货物入库时未进行严格的验收，或者没有做出严格的验收记录，而在保管过程中，甚至在发货时才发现问题，就会使责任分不清，丧失理赔权，带来不必要的经济损失。所以，货物只有经过严格的检验，在分清货物入库前供货单位及各个流转运输环节的责任后，才能将符合合同规定、符合企业生产需要的货物入库。

3. 验收是避免货物积压，减少经济损失的重要手段

保管不合格品是一种无效的劳动。对于一批不合格的货物，如果不经过检查验收就按合格货物入库,必然造成货物积压;对于计重货物,如果不进行检斤验数就按有关单据的供货数量付款,当实际数量不足时,就会造成经济损失。

4. 验收有利于维护国家利益

改革开放使我国经济与世界经济的联系日益紧密,进口货物的数量和品种不断增加。进口货物,国别、产地和厂家等情况更为复杂,必须依据进口货物验收工作的程序与制度,严格认真地做好验收工作,否则,数量与质量方面的问题就不能及时发现,若超过索赔期,即使发现问题,也难以交涉,这就会给国家经济造成重大损失。

可见,把好货物验收关是十分重要的,任何疏忽大意都会造成保管工作的混乱,给国家、企业带来经济损失。

二、货物验收工作的要求

货物验收工作是一项技术要求高、组织严密的工作,关系到整个仓储业务能否顺利进行,所以必须做到及时、准确、严格、经济。

(1)及时　到库货物必须在规定的期限内完成验收工作。这是因为:货物虽然到库,但是未经过验收的货物不算入库入账,不能供应给用料单位。只有及时验收,尽快提出检验报告,才能保证货物尽快入库,满足用料单位的需要,加快货物和资金的周转。同时,货物的托收承付和索赔都有一定的期限,如果验收时发现货物不合规定要求,要提出退货、换货或赔偿等要求,均应在规定的期限内提出,否则,供方或责任方不再承担责任,银行也将办理拒付手续。

(2)准确　验收的各项数据或检验报告必须准确无误。验收的目的是要弄清货物的数量和质量方面的实际情况,验收不准确,就失去了验收的意义。而且,不准确的验收还会给人以假象,造成错误的判断,引起保管工作的混乱,严重者还会危及营运安全。

(3)严格　仓库有关各方都要严肃认真地对待货物验收工作。验收工作的好坏直接关系到国家和企业利益,也关系到以后各项仓储业务的顺利开展,因此,仓库领导应高度重视验收工作,直接参与人员更要以高度负责的精神来对待这项工作。

(4)经济　多数情况下,货物在验收时不但需要检验设备和验收人员,而且需要装卸搬运机具和设备及相应工种工人的配合。这就要求各工种密切协作,合理组织调配人员与设备,以节省作业费用。此外,验收工作中尽可能保护原包装,减少或避免破坏性试验,这是提高作业经济性的有效手段。

三、货物验收的工作流程及其内容

货物验收包括验收准备、核对凭证和实物检验三个作业环节。

(一)验收准备

仓库接到到货通知后,应根据货物的性质和批量提前做好验收前的准备工作,大致包括以下内容:

(1)人员准备　安排好负责质量验收的技术人员或用料单位的专业技术人员,以及配合数量验收的装卸搬运人员。

（2）资料准备　收集并熟悉待验货物的有关文件，如技术标准、订货合同等。

（3）器具准备　准备好验收用的检验工具，如衡器、量具等，并校验准确。

（4）储位准备　确定验收入库时货物的存放储位，计算和准备堆码苫垫材料。

（5）设备准备　大批量货物的数量验收必须要有装卸搬运机械的配合，应做好设备的申请调用。

此外，对于一些特殊货物的验收，如毒害品、腐蚀品、放射品等，仓库还要准备相应的防护用品。

（二）核对凭证

入库货物必须具备下列凭证：

1）入库通知单和订货合同副本，这是仓库接收货物的凭证。

2）供货单位提供的材质证明书、装箱单、检斤单、发货明细表等。

3）货物承运单位提供的运单，若货物在入库前发现残损情况，还要有承运部门提供的货运记录或普通记录，以此作为向责任方交涉的依据。

核对凭证也就是将上述凭证加以整理全面核对。入库通知单、订货合同副本要与供货单位提供的所有凭证逐一核对，相符后才可进行下一步的实物检验。

（三）实物检验

所谓实物检验，就是根据入库单和有关技术资料对实物进行数量和质量检验。

1. 数量检验

数量检验是保证物资数量准确不可缺少的重要步骤，一般在质量验收之前，由仓库保管职能机构组织进行。按货物性质和包装情况，数量检验分为三种形式，即计件、检斤、检尺求积。

（1）计件　计件是指按件数供货或以件数为计量单位的货物，做数量验收时清点的件数。一般情况下，计件货物应全部逐一点清。固定包装物的小件货物，如果包装完好，打开包装对保管不利。国内货物只检查外包装，不拆包检查；进口货物按合同或惯例办理。

（2）检斤　检斤是指按重量供货或以重量为计量单位的货物，做数量验收时的称重。金属材料和某些化工产品多半是检斤验收。按理论换算重量供应的货物先要通过检斤，如金属材料中的板材、型材等，然后按规定的换算方法换算成重量验收。对于进口货物，原则上应全部检斤，但如果订货合同规定按理论换算重量交货，则应该按合同规定办理。所有检斤的货物都应填写检斤单。

（3）检尺求积　检尺求积是对以体积为计量单位的货物，如木材、竹材、砂石等，先检尺后求体积所做的数量验收。凡是经过检尺求积检验的货物，都应该填写检斤单。

在做数量验收之前，相关人员还应根据货物来源、包装好坏或有关部门的规定，确定对到库货物是采取抽验还是全验方式。

一般情况下，数量检验应全验，即按件数全部进行点数，按重量供货的全部检斤，按理论换算重量供货的全部先检尺后换算为重量，以实际检验结果的数量为实收数。

有关全验和抽验，如果货物管理机构有统一规定，则可按规定办理。

2. 质量检验

质量检验包括外观检验、尺寸精度检验、机械物理性能检验和化学成分检验四种形式。仓库一般只做外观检验和尺寸精度检验，后两种检验如果有必要，则由仓库技术管理职能机构取样，委托专门检验机构检验。

1）在仓库中，质量验收主要是指货物外观检验，由仓库保管职能机构组织进行。外观检验是指通过人的感觉器官，检验货物的包装外形或装饰有无缺陷；检查货物包装的牢固程度；检查货物有无损伤，如撞击、变形、破碎等；检查货物是否被雨、雪、油污等污染，有无潮湿、霉腐、生虫等。外观有缺陷的货物，有时可能影响其质量，所以对外观有严重缺陷的货物，要单独存放，防止混杂，等待处理。凡经过外观检验的货物，都应该填写"检验记录单"。货物的外观检验只通过直接观察货物包装或货物外观来判别质量情况，大大简化了仓库的质量验收工作，避免了各个部门反复进行复杂的质量检验，从而节省了大量的人力、物力和时间。

2）货物的尺寸精度检验由仓库的技术管理职能机构组织进行。进行尺寸精度检验的货物，主要是金属材料中的型材、部分机电产品和少数建筑材料。不同型材的尺寸检验各有特点，如椭圆材主要检验直径和圆度，管材主要检验壁厚和内径，板材主要检验厚度及其均匀度等。对于部分机电产品的检验，一般请用料单位派相关人员进行。尺寸精度检验是一项技术性强、很费时间的工作，全部检验工作量大，并且有些产品质量的特征只有通过破坏性的检验才能测到。所以，一般采用抽验的方式进行。

3）理化检验是指对货物内在质量和物理化学性质所进行的检验，一般主要是对进口货物进行理化检验。对货物内在质量的检验要求一定的技术知识和检验手段，目前仓库多不具备这些条件，所以一般由专门的技术检验部门进行。

以上质量检验是货物交货时或入库前的验收。在某些特殊情况下，尚有完工时期的验收和制造时期的验收，这是指在供货单位完工和正在制造过程中，由需方派相关人员到供货单位进行的检验。应当指出，即使在供货单位检验过的货物，可能因为运输条件不良，或者因为质量不稳定，也会在进库时发生质量问题，所以，交货时入库前的检验在任何情况下都是必要的。

四、货物验收的方式

货物验收方式分为全验和抽验。

在进行数量和外观验收时一般要求全验。在质量验收时，当批量小、规格复杂、包装不整齐或要求严格验收时，可以采用全验。全验需要大量的人力、物力和时间，但是可以保证验收的质量。

当批量大、规格和包装整齐、存货单位的信誉较高，或者验收条件有限时，通常采用抽验的方式。货物质量和储运管理水平的提高及数理统计方法的发展，为抽验方式提供了物质条件和理论依据。

货物验收方式和有关程序应该由存货方和保留方共同协商，并通过协议在合同中加以明确规定。

五、对验收中异常问题的处理

在货物验收过程中,如果发现货物数量或质量存在问题,应该严格按照有关制度进行处理。验收过程发现问题进行处理时应该注意以下几点:

(1)单据不全的处理　凡验收所需的证件不齐全时,到库货物仍作为待验货物处理,待证件到齐后再进行验收,若条件允许也可提前验收。

(2)单据不符的处理　单据不符是指供货单位提供的质量证明书等与存货单位(货主)提供的入库单不符。遇到这种情况应立即通知货主,并按货主提出的办法办理,但应将全部事实处理经过记录在案备查。

(3)质量有异的处理　凡规格、质量、包装不符合要求或在途中受损变质者,均称质量有异。此时,应先将合格品验收入库,不合格品分开堆放,做出详细记录,并立即通知货主与发货单位交涉;交涉期间,对不合格品要妥善保管;如果货主同意按实际情况验收入库,应让货主在验收记录上签章。验收后,仍应将不合格品单存、单发,并填写入库验收单,格式见表3-9。

表3-9　验收单

进料时间	年 月 日	厂商名称		订购数	
料　号				交货数	
订单名称		品名规格		点收数	
发表号码				实收数	
检验项目	检验规范	检验状况		数量	判定
检查数量		不良数		不良率	
处理情况	允许	拒收	特采		全检
备注	仓库主管	入库员	质量主管	检验员	点检员

(4)数量不符的处理　若实际验收数量小于送验数量并小于合同中的磅差率时,则以实际数量为验收数量;若实际验收数量大于送验数量,则以送验数量为验收数量;若实际验收

配送中心作业实务

数量小于送验数量并大于合同中的磅差率，经核实后立即通知货主。在货主未提出处理意见前，该货物不得动用。如果供货单位来复磅，验收员应积极配合，并提供方便；若供货单位不来复磅，验收员需提供到货登记表、检斤单、铁路记录等相关验收证明材料（复印件），并加盖公章。验收过程中如遇到严重问题，应填写货物异常报告（见表3-10），交货主确认。

表3-10 货物异常报告

序号_____　　　　　　　　　　日期_____

货物编号	品名	规格	数量	异常情况

（5）有单无货的处理　有单无货是指有关单据已到库，但在规定时间内物资未到。此时，应及时向货主反映，以便查询。

（6）错验的处理　验收员在验收过程中发生数量、质量等方面的差错时，应及时通知货主，积极组织力量进行复验，及时更正。

任务实施

学生按照仓库工作人员职位与职责的不同，以7～10人为一组，配送部经理1名、仓储主管1名、仓库管理员2～3名、保管员2～3名、送货人员1～2名，分别扮演不同的角色。以小组为单位，完成如下任务：

1. 通过对验收作业相关知识的学习，熟悉验收的标准及方法。
2. 根据任务要求，完成货物的出库验收作业。

任务巩固

货物入库验收工作步骤：
1）根据仓储条件进行储位、单证和工具验收的准备。
2）根据给定的货物核对验收单证，并做好相应的记录。
3）根据给定的物资进行物资的实物验收，要求做好验收记录。
4）验收员根据实际验收情况，依据检斤单的结果填制入库验收单，并编制实物保管明细账或库存明细卡，见表3-11、表3-12。

5）验收中发生问题及时处理。

表 3-11　实物保管明细账

存放地点_____　　　　　　　　　品名_____
计量单位_____　　　　　　　　　型号规格_____

年		凭证		摘要	单价	收入数量	金额	发出数量	金额	结存数量	金额
月	日	字	号								

表 3-12　库存明细卡

存货名称_____　　　　　　　　　规格_____
计量单位_____　　　　　　　　　库区_____

年		凭证		摘要	收入		发出		结存		其中：（A）			其中：（B）			其中：（C）		
月	日	种类	号数		批号	数量	批号	数量	批号	数量	批号	数量	库存	批号	数量	库存	批号	数量	库存

6）建立货物状态卡（简称货卡）、储存卡（也称存卡、进销存卡）；验收员根据货物实际验收的结果，填写货物状态卡，并挂在物资垛门上，格式见表 3-13、表 3-14。

表 3-13　货物状态卡

待　检	合　格	隔　离
供应商名称_____	供应商名称_____	供应商名称_____
图号_____	图号_____	图号_____
名称_____	名称_____	名称_____
进货日期/批号/生产日期_____	进货日期/批号/生产日期_____	进货日期/批号/生产日期_____
标记日期___年___月___日	标记日期___年___月___日	标记日期___年___月___日
标记人_____	标记人_____	标记人_____
备注_____	备注_____	备注_____

表 3-14 储存卡（进销存卡）

品名_____ 规格_____

年		摘要	收入数量	发出数量	结存数量
月	日				

7）验收员根据验收单上登记的货物验收情况完成统计表。

8）验收员负责转交验收单及附件。其中，一份交货主，另一份交记账员。注意，需签字转交。

任务考核

货物验收作业能力评价表见表 3-15。

表 3-15 货物验收作业能力评价表

考评人		被考评人	
考评地点			
考评内容	货物验收作业		
考评标准	内容	分值/分	实际得分
	单据填写正确、规范	30	
	验收方法正确	20	
	检验内容全面	20	
	对发生的问题处理恰当、到位	30	
合计		100	

注：考评满分为 100 分；60~70 分为及格；71~80 分为中等；81~90 分为良好；91 分以上为优秀。

项目四　存储作业

学习目标

1. 掌握整仓作业的日常工作流程。
2. 了解货品整理的方法。
3. 应用各种货物清点方法实施货物的清点工作。

项目概述

某配送中心一供应商于 2016 年 1 月 20 日送来一车娃哈哈纯净水，送货单上数量为 600 箱，规格为 1×24（500mL），单价 0.8 元/瓶，金额 19.2 元/箱，生产日期是 2016 年 1 月 10 日，保质期为 12 个月。小王是该配送中心的仓管员，仓储主管安排他来完成这批货物的存储管理。

任务一　货物的整理作业

任务描述

小王在核实了供应商的货物验收完毕后，为安排货物入库存储，首先要给货物安排合适的储位，为避免不同性质的货物混装到同一储位中，为取放货物带来不便，从而增加库内盘点时消耗的时间，延长出库时间，小王应该怎么做？

知识准备

货物经检验合格入库后就进入了货物的储存保管作业，经常也称为货物的在库作业。货物的在库作业是指对货物进行合理的保管和养护，以确保货物的质量完好和数量无误。储存作业的主要任务在于对入库的商品进行合理的保存，并且经常要做库存品的检查控制，不仅要善于利用空间，也要注意存货的管理。为了维持配送，配送中心就必须预先储存一定数量的商品来满足订货需求。企业没有足够的存货，会造成供货不及时、供应链断裂，丧失市场占有率或交易机会；整体社会存货不足，会造成物资匮乏，供给小于需求。商品库存需要相应的维持费用，同时还存在由于商品积压和损坏而产生的库存风险。因此，在库存管理中既要保留合理的库存数量，防止货源中断和库存不足，又要避免库存过量，发生不必要的库存费用。所以，配送中心的储存更要注意空间运用的弹性及存量的有效控制。

一、ABC 分类法

（一）ABC 分类法的基本思想

帕累托定律（80/20 法则）原理曲线如图 4-1 所示。ABC 分类法是指库存物资按物资所占库存资金的比例和所占库存总品种数目的比例这两个指标来分类的方法。ABC 分类标准见表 4-1 和图 4-2。

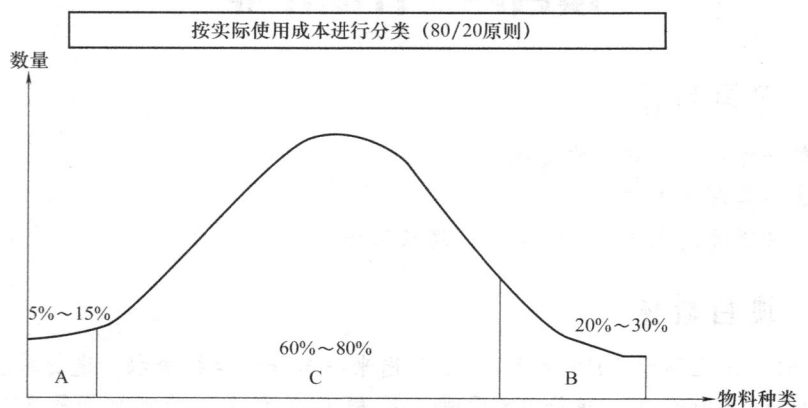

图 4-1 帕累托定律原理曲线

表 4-1 ABC 分类标准

品种区分	A 类	B 类	C 类
货品特点	价值高，销售额高，品种少	价值中等，销售额中等，品种中等	价值低，销售额低，品种多
占总销售额的比例	60%~80%	20%~30%	5%~15%
占总品种数的比例	5%~15%	20%~30%	60%~80%

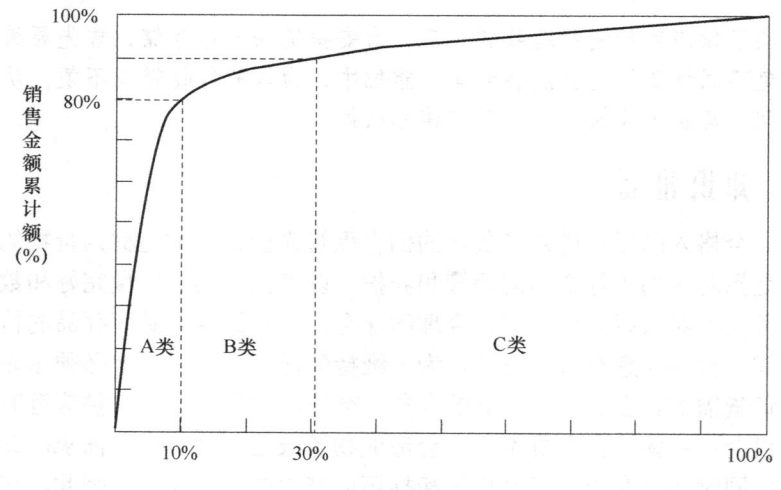

图 4-2 ABC 分析（ABC 曲线）

（二）ABC 分析的一般步骤

1. 收集数据

ABC 分析的第一步是按分析对象和分析内容收集有关数据。例如，拟对库存货品的平均资金占用额进行分析，以了解哪些货品占用资金多，以便实行重点管理。应收集的数据为每种库存货品的平均库存量、每种货品的单价等。

2. 处理数据

收集数据后，相关人员对收集来的数据资料进行整理，按要求计算和汇总。以平均库存乘以单价，计算各种货品的平均资金占用额。

3. 编制ABC分析表

ABC分析表栏目的构成见表4-2：第一栏为货品名称；第二栏为货品数量；第三栏为单价；第四栏为占用资金；第五栏为占用资金百分比；第六栏为占用资金的累计百分比；第七栏为占货品数量的累计百分比；第八栏为分类。

表4-2　ABC分析表

货品名称	货品数量	单价/元	占用资金/元	占用资金百分比（%）	占用资金的累计百分比（%）	占货品数量的累计百分比（%）	分类
大坐垫	10	680	6800	68.0	68.0	5.5	A
停车架	12	100	1200	12.0	80.0	12	A
制动线管	25	20	500	5.0	85.0	26	B
车架	20	20	400	4.0	89.0	37	B
专用原子锁	20	10	200	2.0	91.0	48	C
车铃	20	10	200	2.0	93.0	59	C
车胎	10	20	200	2.0	95.0	64.5	C
轴承	20	10	200	2.0	97.0	75.5	C
制动圈	15	10	150	1.5	98.5	83.6	C
飞轮	30	5	150	1.5	100	100	C
合计	182	—	10000	100	—	—	—

4. 根据ABC分析表确定分类

根据ABC分析表中占货品数量的累计百分数（%）和占用资金的累计百分数（%）进行A、B、C三类商品的分类。

A类：占货品数量的累计百分数为5%～15%，占用资金的累计百分数为60%～80%。

B类：占货品数量的累计百分数为20%～30%，占用资金的累计百分数为20%～30%。

C类：占货品数量的累计百分数为60%～80%，占用资金的累计百分数为5%～15%。

5. 绘制ABC分析图（见图4-3）

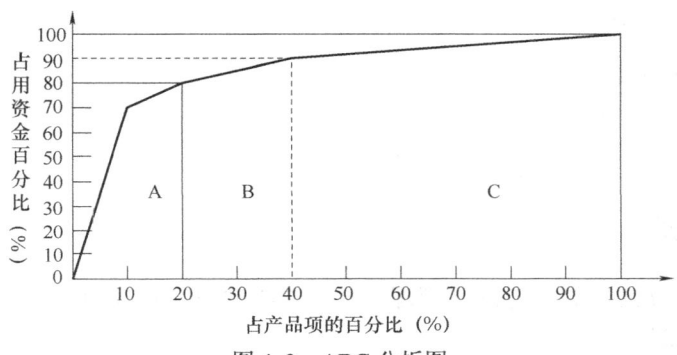

图4-3　ABC分析图

（三）ABC 分类管理的措施

1．对 A 类货物的管理

1）根据历史资料和市场供求的变化规律，认真预测未来货物的需求变化，并依此组织入库货源。
2）多方了解货物供应市场的变化，尽可能地缩短采购时间。
3）控制货物的消耗规律，尽量减少出库量的波动，使仓库的安全储备量降低。
4）合理增加采购次数，降低采购批量。
5）加强货物安全、完整的管理，保证账实相符。
6）提高货物的机动性，尽可能地把货物放在易于搬运的地方。
7）货物包装尽可能标准化，以提高仓库的利用率。

2．对 B、C 类货物的管理

1）对于那些很少使用的货物，可以规定最少出库的数量，以减少处理次数。
2）依据具体情况储备必要的数量。
3）对于数量大、价值低的货物，可以不作为日常管理的范围，减少这类货物的盘点次数和管理工作。

二、储位的布置

储位就是指仓库中货物存放的具体位置，在库区中按地点和功能进行划分来存放不同类别的货物。储位的设置可以方便仓库中对货物的组织，以及出入库时对货物的管理。规划储位的原则为：储位布置要紧凑，提高仓容利用率；便于收货、发货、检查、包装及装卸车，灵活合理；堆垛稳固，操作安全；通道流畅便利，叉车行走距离短。

图 4-4　仓库货位

（一）储位规划

储位即货物储存的位置。为方便管理，配送中心的每个储位都应进行编号并输入仓库管理系统（"WMS"）。

1）编号一般由通道编号、货架编号、列数、层数组成。

2）通道编号一般采用英文字母，其他的采用阿拉伯数字。
3）编号位数视储位多少而定。
4）通道编号、货架编号、列数、层数应用醒目的字体制成标牌（签），悬挂、粘贴在相应位置。

（二）储存作业的策略与方法

储存保管的目标是要做到使用空间的最大化；有效利用劳动力及设备；可以在任何时间方便地存取货物；安全经济地搬运货物；良好地保护和管理货物。

储存作业一般的原理是：依照货品特性来储存，大批量使用大储区，小批量使用小储区；能安全有效率储于高位的物品使用高储区；笨重、体积大的物品储存在较坚固的层架及接近出货区；轻量品储存于有限的载荷层架；将相同或相似的物品尽可能接近储放；跑量慢的或小、轻及容易处理的物品使用较远储区；周转率低的物品尽量远离进货、出货及仓库较高的区域；周转率高的物品尽量放于接近出货区及较低的区域；服务设施应选在低层楼区等。储存策略主要用于指导如何分配储位，良好的储存策略可以减少出入库移动的距离，缩短作业时间，甚至能够充分利用储存空间。储存主要有四种方式：定位储存、随机储存、分类储存和分类随机储存。这四种方法的比较见表 4-3。

表 4-3　储存的四种方式的比较

分类	优点	缺点	使用范围
定位储存	每项货品都有固定的储放位置，拣货人员容易熟悉货品储位。货品的储位可按周转率大小（畅销程度）安排，以缩短出入库搬运距离。可针对各种货品的特性做储位的安排调整，将不同货品特性间的相互影响减至最小	储位必须按各项货品的最大在库量设计，因此，储区空间平时的使用效率较低	适用于厂房空间大、多种少量货品的储放
随机储存	由于储位可共用，因此只要按所有库存货品最大在库量设计即可，储区空间的使用效率较高	货品的出入库管理及盘点工作的进行困难度较高，周转率高的货品可能被储放在离出入口较远的位置，增加了出入库的搬运距离。易造成货品的伤害或发生危险	适用于厂房空间有限（尽量利用储存空间）、种类少或体积较大的货品
分类储存	便与畅销品的存取，具有定位储存的各项优点，各分类的储存区域可根据货品特性再做设计，有助于货品的储存管理	储位必须按各项货品最大在库量设计，因此，储区空间平均的使用效率低	适用于产品相关性大者，经常被同时订购、周转率差别大者及产品尺寸相差大
分类随机储存	具有分类储存的部分优点，又可节省储位数量而提高储区利用率	货品出入库管理及盘点工作的进行困难度较高	分类随机储存兼具分类储存及随机储存的特点，需要的储存空间介于两者之间

还有一种就是共同储存，即将各种储存方法综合运用。

（三）储位分配的原则

1）为方便出入库，物品必须面向通道进行保管。
2）尽可能地向高处码放，提高保管效率。
3）"出货"频率高的放在近处，"出货"频率低的放在远处。
4）"重货"放在近处，"轻货"放在远处。
5）"大型货物"放在近处，"小型货物"放在远处。

6)"一般物品"放在下层,"贵重物品"放在上层。
7)"重货"放在下层,"轻货"放在上层。
8)"大型货物"放在下层,"小型货物"放在上层。
9)加快周转,先入先出。

(四)储位的分布形式

储位的分布形式有直线式、斜线式和曲线式三种。

1. 直线式

直线式储位就是货架和通道呈矩形分段布置。它主要适用于超级商场和大型百货商店。其优点是客户易于寻找储位地点,易于采用标准化货架;缺点是容易造成冷淡气氛,易使客户产生被催促的感觉,客户自由浏览受到限制。

2. 斜线式

斜线式储位就是货架和通道呈菱形分段布置。其优点是可以使客户看到更多的货物,气氛也比较活跃,活动不受拘束;缺点是不如直线式通道能充分利用场地面积。

3. 曲线式

曲线式储位的储位分布和客户通道都是不规则的曲线形式。它是开架销售常用的形式,主要适用于大型百货商店、服装商店等。其优点是能创造活跃的商店气氛,便于客户选购浏览和任意穿行,可增加随意购买的机会;缺点是浪费场地面积,寻找储位不够方便。

(五)储位编号的要求

储位的编号就好比货物在仓库中的住址,必须符合"标志明显易找,编排循规有序"的原则。具体编号时,必须符合以下要求:

(1)标志设置要适宜 储位编号的标志设置要因地制宜,采用适当的方法,选择适当的地方。例如,无货架的库房内,走道、支道、段位的标志一般都刷置在水泥或木板地坪上;有货架的库房内,储位标志一般设置在货架上等。

(2)标志制作要规范 储位编号的标志如果随心所欲、五花八门,就很容易造成单据串库、货物错收和错发等事故。统一使用阿拉伯字码制作标志就可以避免以上弊病。为了将库房及走道、支道、段位等加以区别,可在字码大小、颜色上进行区分,也可在字码外加上括号、圆圈等符号加以区分。

(3)编号顺序要一致 整个仓库范围内的库房及货场内的走道、支道、段位的编号,一般都以进门的方向左单右双或自左向右顺序编号的规则进行。

(4)段位间隔要恰当 段位间隔的宽窄应取决于货品的种类及批量的大小。

同时应注意的是,走道、支道不宜经常变更位置和变更编号,因为这样不仅会打乱原来的储位编号,而且会使保管员不能迅速收发货。

(六)储位编号的方法

目前,仓库中储位编号常用的方法有以下几种:

1. 仓库内储存场所的编号

整个仓库内的储存场所若有库房、货棚、货场，则可以按一定的顺序（自左向右或自右向左）各自连续编号。库房的编号一般写在库房的外墙上或库门上，字体要统一、端正、色彩鲜艳、清晰醒目、易于辨认。货场的编号一般写在场地上，书写的材料要耐摩擦、耐雨淋、耐日晒。货棚编号书写的地方则可根据具体情况而定，总之应让人一目了然。

2. 库房编号

对于多层库房的编号，常采用"三位数编号"、"四位数编号"或"五位数编号"。"三位数编号"是用三个数字或字母依次表示库房、层次和仓间，如 131 编号表示 1 号库房，3 层楼，1 号仓间。"四位数编号"是用四个数字或字母依次表示库房、层次、仓间和货架，如 1331 编号表示 1 号库房，3 层楼，3 号仓间，1 号货架。"五位数编号"是用五个数字或字母依次表示库房、层次、仓间、货架、货格，如 13311 表示 1 号库房，3 层楼，3 号仓间，1 号货架，1 号货格。

3. 储位编号

储位布置的方式不同，其编号的方式也不同，储位布置的方式一般有两种，横列式和纵列式。横列式即储位横向摆放，可采用横向编号。纵列式即储位纵向摆放，常采用纵向编号。

（七）储位编号的应用

1）当货物入库后，保管员应将货物所在储位的编号及时登记在账册上或输入计算机。储位输入的准确与否直接决定了出货的准确性，保管员应认真仔细操作，避免差错。

2）当货物所在的储位变动时，该货物账册上的储位编号也应做相应的调整。

3）为提高储位利用率，一般同一储位可以存放不同规格的货物，但必须配备区别明显的标识，以免造成差错。

任务实施

学生按照配送中心仓库工作人员职位和职责的不同，以 7~10 人为一组，仓库经理 1 名、仓储主管 1 名、仓库管理员 2~3 名、保管员 2~3 名、送货人员 1~2 名，分别扮演不同的角色。以小组为单位，完成如下任务：

1. 用 ABC 分类法对货物进行分类计算。
2. 利用"四位数编号法"的原理查找货物。
3. 储位安排好之后，需要进行编号。按下列原则进行不同货物的编号：

（1）唯一原则　库存所有物料都有自己唯一的编号，号码不能互相重复。

（2）系列化原则　编号要按物料分类的顺序分段编排。物料的编号不是库存所有物料的一般顺序号，而是运用分类的分段顺序号。编号的分段序列应符合物料分类目录的分段序列。

（3）实用性原则　编号应尽量简短，便于记忆和使用方便。

（4）通用性原则　编号要考虑各方面的需要，使物料的编号既是储位编号，又是储备定额的物料编号，也是物料账的账号，也可以是计算机的物料代号。

任务巩固

仓库管理现代化与货架种类、功能的发展有直接的关系。货架的使用为物流中心运作所带来的好处体现在：

1）可充分利用仓库空间，提高库容利用率和存储能力。
2）物品存取方便，便于清点及计量，可做到先进先出。
3）存放物品互不挤压，损耗小，确保物品的完整性，减少破损。
4）采取防潮、防尘、防盗、防破坏等措施，提高存储质量。
5）有利于实现仓库的机械化及自动化管理。

货架系统是物流技术发展的成果，但并不意味着货架系统适用于所有的仓库。货架系统对物流系统有诸多的限制，具体可以分为以下几方面：货架设施安装固定之后不能随意更改，当客户需求或运营方式改变时，会影响正常工作；货架系统要有较高的仓储管理水平做保证，特别是物品品种较多、对保质期要求较高的物流中心，货架系统必须有较好的 WMS 系统的支持；货架系统不适用于较重物品的存储，较重物品的垂直运动会消耗较多的能量，对叉车消耗较大；货架系统对仓库建设标准的要求比平面仓库要高，如照明系统、防火系统等，从而带来设计的难度和建筑成本的增加；货架系统本身的投资较大，并且需要价值昂贵的升高叉车相配合。是否选择货架系统用于仓库物品的存放，要据货架的优缺点结合企业的实际情况来权衡抉择。

任务考核

货物的整理作业能力评价表见表 4-4。

表 4-4 货物的整理作业能力评价表

考评人		被考评人	
考评地点			
考评内容	货物的整理作业		
考评标准	内容	分值/分	实际得分
	ABC 分类法应用正确	30	
	安排合适的储位	30	
	储位编号正确	20	
	团队合作	20	
合计		100	

注：考评满分为 100 分，60~70 分为及格；71~80 分为中等；81~90 分为良好；91 分以上为优秀。

任务二 货物的盘点作业

任务描述

小王在为供应商的货物安排入库存储后，决定对现有的仓库库存进行一次盘点检查工作，以方便了解货物的库存情况，为后续工作做好准备。

知识准备

一、认识盘点作业

仓库盘点作业是指对在库的物品进行账目和数量上的清点作业，如图 4-5 所示。

图 4-5 仓库盘点

二、仓库盘点作业的主要目的

（一）核查实际库存数量

盘点可以查清实际库存数量，并通过盈亏调整使库存账面数量与实际库存数量一致。

（二）计算企业资产的损益

库存物品总金额直接反映企业流动资产的使用情况，库存量过高，流动资金的正常运转将受到威胁，因此，为了能准确地计算出企业实际损益，就必须通过盘点进行。

（三）发现物品管理中存在的问题

通过盘点查明盈亏的原因，发现作业与管理中存在的问题，并通过解决问题来改善作业流程和作业方式，提高人员素质和企业的管理水平。

三、仓库盘点作业的内容

（一）查数量

通过点数计数查明物品在库的实际数量，核对库存账面资料与实际库存数量是否一致。

（二）查质量

检查在库物品质量有无变化，有无超过有效期和保质期，以及有无长期积压等现象，必要时还必须对物品进行技术检验。

（三）查保管条件

检查保管条件是否与各种物品的保管要求相符合。

四、仓库盘点作业的步骤

(一) 盘点前的准备

盘点的基本要求是必须做到快速准确,为了达到这一基本要求,盘点前的充分准备十分必要,其准备工作主要包括以下内容:
1) 确定盘点的具体方法和作业程序。
2) 配合财务会计做好准备。
3) 设计并印制盘点用表单。
4) 准备盘点用的基本工具。

(二) 确定盘点的时间

一般来说,为保证账物相符,货物盘点次数越多越好,但盘点需投入人力、物力、财力,所以,合理地确定盘点时间非常必要。根据商品的不同特性、价值大小、流动速度快慢、重要程度来分别确定不同的盘点时间,盘点时间间隔可以为天、周、月、季、年不等。

例如,A类主要货品每天或每周盘点一次,B类货品每两三周盘点一次,C类不重要的货品每月盘点一次即可。

全面盘点以 2~6 天为宜,盘点的日期一般选择在:
1) 财务结算前夕。通过盘点计算损益,以查清财务状况。
2) 淡季进行。因淡季储货较少,业务不太繁忙,盘点较为容易,投入资源较少,并且人力调动也较为方便。

(三) 确定盘点的方法

因盘点场合、需求的不同,盘点的方法也有差异。为满足不同情况的需要,快速准确地完成盘点作业,就需要选择不同的盘点方法。盘点方法一般有:

1) 账面盘点法是将每一种商品分别设立"存货账卡",然后将每一种商品的出入库数量及有关信息记录在账面上,逐笔汇总出账面库存结余数,这样随时可以从计算机或账册上查悉商品的出入库信息及库存结余量。

2) 现货盘点法是指到仓库现场进行实物盘点。现货盘点法又分为期末盘点法和循环盘点法。

① 期末盘点法 期末盘点法是指在会计计算期末统一清点所有商品数量的方法。由于期末盘点是将所有商品一次点完,因此工作量大,要求严格。期末盘点通常采取分区、分组的方式进行。

分区即将整个储存区域划分为一个一个的责任区,不同地区由专门的小组负责点数、复核和监督,因此,一个小组通常至少需要三人,分别负责清点数量并填写盘存单,复查数量并登记复查结果,核对前两次盘点数量是否一致,对不一致的结果进行检查。等所有盘点结束后,再与计算机或账册上反映的账面数核对。

② 循环盘点法 循环盘点法是指每天进行一部分商品的盘点,一个循环周期将每种商品

至少清点一次的方法。循环盘点通常对价值高或重要的商品检查的次数多，而且监督也严密一些，而对价值低或不太重要的商品盘点的次数可以尽量少。

循环盘点法一次只对少量商品盘点，所以通常只需要保管员自行对照库存资料进行点数检查，发现问题按盘点程序进行复核，查明原因后调整。

两种盘点方法的比较见表4-5。

表4-5 两种盘点方法的比较

盘点方式比较内容	期末盘点	循环盘点
时间	期末，每年仅数次	平常，每天或每周一次
所需时间	长	短
所需人员	全体动员（或临时雇佣）	专门人员
盘差情况	多且发现得晚	无
对营运的影响	需停止作业数天	无
对货品的管理	平等	A类重要货品：仔细管理 C类不重要货品：稍微管理
盘差原因追究	不易	容易

（四）培训盘点人员

盘点人员的培训分为两部分：一是针对所有人员进行盘点方法及盘点作业流程的培训，让盘点作业人员了解盘点目的，以及表格和单据的填写方法；二是针对复盘与监盘人员进行认货品的训练，让他们熟悉盘点现场和盘点商品，对盘点过程进行监督，并复核盘点结果。

（五）清理盘点现场

盘点作业开始之前必须对盘点现场进行整理，以提高盘点作业的效率和盘点结果的准确性。清理工作主要包括以下几方面的内容：

1）确认需要盘点的货物。

2）对储存场所堆码的货物进行整理，特别是对散乱货物进行收集与整理，以方便盘点时计数。

在此基础上，由商品保管人员进行预盘，以提前发现问题并加以预防。

（六）仓库盘点作业

仓库盘点作业的关键是点数，由于手工点数工作强度极大，差错率较高，通常可采用条码进行盘点，以提高盘点的速度和精确性。

（七）查找盘点差异的原因

盘点会将一段时间以来积累的作业误差，以及其他原因引起的账物不符暴露出来，发现账物不符，而且差异超过容许误差时，应立即追查产生差异的原因。

一般而言，产生盘点差异的原因主要有如下几个方面：

1）记账员素质不高，登录数据时发生错登、漏登等情况。
2）账务处理系统管理制度和流程不完善，导致货品数据不准确。
3）盘点时发生漏盘、重盘、错盘现象，导致盘点结果出现错误。
4）盘点前数据资料未结清，使账面数不准确。
5）出入库作业时产生误差。
6）由于盘点人员不尽责导致货物损坏、丢失等结果。

（八）盘盈、盘亏的处理

差异原因查明后，应针对主要原因进行适当的调整与处理，至于呆滞品、废品、不良品减价的部分需要与盘亏一并处理。

（九）盘点结果的评估

通过对盘点结果的评估，可以查出作业和管理中存在问题，并通过解决问题提高仓储管理水平，以减少仓储损失。

任务实施

一、任务要求

学生按照仓库工作人员职位和职责的不同，以 7～10 人为一组，仓库经理 1 名、仓储主管 1 名、仓库管理员 2～3 名、保管员 2～3 名、送货人员 1～2 名，分别扮演不同的角色。以小组为单位，完成如下任务：

1）通过小组讨论学习，熟悉货物盘点作业的内容。
2）发给每组同学两种货物，要求根据货物的特性，分别确定该种货物的盘点时间和盘点方法，并以最快的速度完成货物的盘点作业。

二、所用设备

RF 等盘点设备、苫垫材料、账、单、卡等。

任务巩固

仓储是商品流通的重要环节之一，也是物流活动的重要支柱，因此，配送中心提高仓储管理的效率是当前的核心任务之一，具体措施如下：

1. 合理规划仓库的布局

现代仓库布局在整个物流系统规划中占有非常重要的地位。合理的仓库布局能够让企业充分利用资源，降低运作成本，提高企业的效益。仓库布局时要考虑到仓库的建筑结构、作业流程等，设计时尽量减少迂回运输，实现最短的运输距离。同时，也要考虑到货物的体积和储位的空间，最大限度地利用仓库的空间，提高空间利用率。通常，需要布局的仓库功能区域有收货区、储存区、拣货区、出货区、办公区等。因为公司的业务范围和业务量会不断改变，所以，仓库的布局结构会经常改变，我们要根据实际情况来进行布局。

2. 合理组织仓库作业

不同模式的仓库作业内容有所不同，一般来说，仓库执行如下作业流程：进货验收→入库→存放→标示包装→分类→出货检查→装货→送货。在流程的组织过程中要做到：手续简便，认真把关，保证质量，缩短商品或货物的出入库时间，降低出入库的成本。在出入库方面，严格把好出入库验收关，确保出入库物资数量准确、质量完好，并使物资储存、供应、销售各环节平衡衔接；做好在库物资的保管与保养工作，及时、准确、保质、保量地做好仓库实物账，经常清洁、盘点库存物资，做到账、卡、物相符。归纳而言，仓库的作业管理主要有入库作业管理、在库保管作业管理、加工作业管理、理货作业管理和配货作业管理，合理规划仓库作业流程是提高仓储管理效率的重要方法之一。

3. 应用新技术，提高仓储效率

以一个配送中心而言，仓储设备是最基本的要求，其配置直接影响到仓储的自动化水平、运作流程和效率。而仓储设备的选择要考虑物品的特性、存储性、出入库量、仓库结构、经济状况等因素。合理选择设备和技术是提高仓储效率的必要手段之一。

物流新技术是通过企业的业务流程来实现对配送中心各生产要素的合理组合，降低经营成本，直接产生明显的经济效益。它有效地把各种零散的数据衔接起来，大大提高了配送中心的运作效率。依据公司的经济状况等种种因素不同，可选择不同的适合自身的技术装备，如电子标签拣货系统、仓储管理系统等。采用不同的新技术是提升仓储管理效率的措施之一，也是当前各个配送中心的主要手段之一。

4. 提高仓库安全意识，消除隐患

仓库安全管理是仓储管理的一项重要内容，它不仅关系到仓储物资、机械设备的安全，也影响着人的健康和安全，同时也关系到生产能否顺利进行。因此，企业必须加强仓库的安全管理工作。下面就如何加强仓库的安全管理工作做以下浅显的分析。

1）提高认识，加强领导，落实领导安全生产责任制。

2）抓思想教育，增强全员安全意识。

3）坚持开展经常性安全大检查活动，消除隐患，做好事故的超前预防工作。仓库每天核心的工作就是装卸作业，由于要使用叉车、堆高机等装卸搬运设备，仓库中的安全涉及货物的安全、作业人员的人身安全、作业和仓库设备的安全。这些安全事项都是仓库的责任范围，所造成的损失都全部由仓库承担，因而说，仓储作业安全管理是经济效益管理的组成部分。因此，把握仓库的安全是企业的重要任务之一，我们应从以下方面注意：安全操作管理制度化、货物管理有序化、消防安全管理化。

5. 大力培训仓储人员

物流产业作为新兴的服务行业，它不仅有助于企业降低成本，提高服务水平，还有助于整个社会资源的合理配置与优化。人力资源作为一种可供开发利用的资源，物流企业人力资源的合理利用决定着物流企业的发展，特别是对仓储业的人力资源，当前中国的仓储业的人力资源利用还处在初级阶段，没有形成完善的管理。因此，人力资源管理的好坏，更多体现在能否合理利用企业人力，达到人尽其才、工作合格并有创新等方面。而要达到这些目标，必须先有规范。

公司要重视现代化仓储工作人员的培训工作，可采取内部培训、外部培训考察和聘请企业资深人员对员工进行有计划、有目的的培训，以在职培训为主，以岗位培训和继续教育为重点，对所有员工进行系统培训的模式，以此来提高企业员工的核心工作能力。

要想实现仓储人员的知识化、专业化，就必须按现代化管理的要求，根据不同类型的仓库和工作岗位制订和实施人才培训计划，加强对仓储人员的培养、教育和提高，尽快培养出一批具有现代科学知识和管理技术、责任心强、素质高的专门从事仓储管理的干部队伍。

任务考核

货物的盘点作业能力评价表见表 4-6。

表 4-6 货物的盘点作业能力评价表

考评人		被考评人	
考评地点			
考评内容	货物的盘点作业		
考评标准	内容	分值/分	实际得分
	正确说出盘点作业的内容	20	
	分析货物特性，正确确定货物的盘点时间	20	
	分析货物特性，正确确定货物的盘点方法	20	
	完成给定货物的盘点	20	
	成员积极参与	10	
	语言表达清晰	10	
合计		100	

注：考评满分为 100 分，60~70 分为及格；71~80 分为中等；81~90 分为良好；91 分以上为优秀。

项目五 拣货作业与配货作业、补货作业

学习目标

1. 掌握拣货作业的操作流程。
2. 掌握配货作业的操作流程。
3. 掌握补货作业的操作流程。
4. 熟悉拣货作业涉及的相应单据。
5. 熟悉配货作业涉及的相应单据。
6. 熟悉补货作业涉及的相应单据。

项目概述

某配送中心信息员小张接到下面两张客户订单（见表5-1、表5-2）后，马上进行了订单处理，之后交由拣货员小孙完成两个门店的拣选配货作业；同时，小张还临时接到一客户的紧急订单，在确认拣货货物时，发现货物数量不足，则由系统自动生成补货计划，由补货员小刘进行补货作业。

表5-1 订单一

客户名称	沃尔玛超市	订单号		CKD0012
货品明细				
序号	货品编号	货品名称	规格	单位	数量
1	61402122	康师傅方便面	40包/箱	箱	20
2	61402145	康师傅八宝粥	40罐/箱	箱	35
3	61402156	康师傅矿物质水	10瓶/箱	箱	25

表5-2 订单二

客户名称	家乐福超市	订单号		CKD0013
货品明细				
序号	货品编号	货品名称	规格	单位	数量
1	61402122	康师傅方便面	40包/箱	箱	40
2	61402145	康师傅八宝粥	40罐/箱	箱	35
3	61402156	康师傅矿物质水	10瓶/箱	箱	25

补货单上的信息如下：

取货货位：40190815　　　　　目标货位：10011422
货品代码：09010543　　　　　货品名称：听装雪花啤酒
规格/单位：330mL×24瓶 /件　　件数：12件+5瓶

任务一 拣货作业

任务描述

小张在对上述项目概述中的两张订单做订单处理后，拣货员小孙将怎样完成两个门店客

户订单的拣货作业呢？

知识准备

一、拣货作业的概述

拣货作业是配送中心依据客户订单要求或配送计划，迅速、准确地将货物从其储位或其他区位拣取出来，并按一定的方式进行分类、集中的作业过程。

在配送作业的各个环节中，拣货作业是非常重要的一环，是整个配送中心作业系统的核心。在配送中心搬运成本中，拣货作业搬运成本约占 90%；在劳动密集型配送中心，与拣货作业直接相关的人力占 50%；拣货作业时间约占整个配送中心作业时间的 30%～40%。因此，合理规划和管理拣货作业，对提高配送中心作业效率和降低整个配送中心作业成本具有事半功倍的效果。

拣货作业的速度和质量不仅对配送中心的作业效率具有决定性的影响，而且影响到整个配送中心的信誉和服务水平。因此，迅速、准确地将客户所要求的货物集中起来，并且通过分类配装及时送交客户，是拣货作业最终的目标和功能。

拣货单位是指拣货作业中拣取货物的包装单位。一般配送作业中拣货单位可以分为以下四种：

1．单品
单件货物包装成独立单元，以该单元为拣取单位，是拣货的最小单位。

2．箱
由单品装箱而成，拣货过程以箱为拣取单位。

3．托盘
由箱堆码在托盘上集合而成，经托盘装载后加固。

4．特殊物品
体积过大、形状特殊或必须在特殊情况下作业的货物，如桶装液体、散装颗粒、冷冻食品等，拣货时以特定包装形式和包装单位为准。

二、拣货作业的流程

拣货作业是根据客户的订货要求或配送中心的作业计划，将货物从保管处拣取出来的作业过程。拣货作业流程如图 5-1 所示。

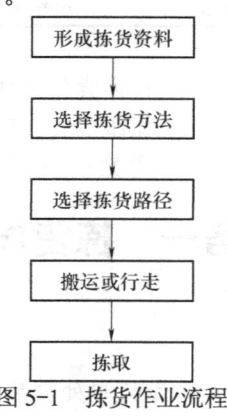

图 5-1 拣货作业流程

项目五　拣货作业与配货作业、补货作业

步骤一　拣货资料的形成

拣货作业开始前，指示拣货作业的单据或信息必须先行处理完成。目前，大多数配送中心的拣货作业都是根据订单处理系统输出的信息进行拣货。

步骤二　选择拣货方法

在选择拣货方法时，拣货员需要从多方面对其进行明确。例如，在确定每次分拣的订单数量时，可以对订单进行单一分拣，也可以进行批量分拣；在人员分配上，可以采用单人分拣法，也可以采用数人分拣法或分区分拣法；在货物分拣单位确定上，可以按要求进行以托盘、整箱或单品为单位的分拣法；在人员移动方面，可以采取人员固定、货物移动的分拣方法，也可以采用货物固定、人员行走的分拣方法等。

步骤三　选择拣货路径

不同层次的货物（小件货物、箱装货物、托盘货物）要采用不同的拣货途径，通常有两种类型的路径可供选择：

（1）无顺序的拣货路径　无顺序的拣货路径是指由拣货员自行决定在配送中心内各通道拣货顺序的方式。

特点：拣货路径长，拣货效率低。

（2）顺序的拣货路径　顺序的拣货路径是指按产品所在货位号的大小从存储区域的入口到出口的顺序来确定拣货路径，是一种最常用拣货路径。

特点：缩短拣货时间和拣货里程，减少疲劳和拣货误差，提高拣货效率。

步骤四　搬运或行走

拣货时，拣货员或机器必须直接接触并拿取货物，因此形成拣货过程中的行走与货物的搬运。这一过程有两种完成方式：

（1）人至物的方式　货物处于静态的存储方式，主要移动者为货物拣取者。

（2）物至人的方式　拣货员处于静态状态，货物为动态的存储方式，如旋转自动仓储。

步骤五　拣取

当货物出现在拣货员面前时，一般采取的两个动作为拣取与确认。拣取是抓取物品的动作，确认则是确定所拣取的物品、数量是否与指示拣货的信息相同。在实际的作业中多采用读取品名与拣货单据对比的确认方式，较先进的作业方法是利用无线传输终端机读取条码后，再由计算机进行确认。

通常对于小体积、小批量、搬运重量在人力范围内且出货频率不是特别高的货物，采取手工式拣取；对体积大、重量大的货物，利用升降叉车等搬运机械辅助作业；对于出货频率很高的货品，则采用电子标签辅助拣选、动力传输和自动分拣系统进行拣货。

（一）拣货单

拣货信息来自于客户的订单，配送中心在拣货前将客户订单资料进行计算机处理，生成并打印出拣货单，拣货员以此作为依据正确而迅速地完成拣货工作。拣货单见表5-3。

拣货单上标明储位，并按储位顺序来排列货物编号，作业人员据此拣货可以缩短拣货路径，提高拣货作业效率。

表5-3 拣货单

拣货单号：

客户名称				拣货时间			
仓库编号				出库日期			
货品明细							
序号	储位号码	货品编号	货品名称	包装单位			应拣数量	实拣数量	备注
				托盘	箱	单品			
制单人			拣货人			审核人	

拣货单填写要点如下：

1) 制单人根据客户的订单、公司的交货单、发货通知单等原始单据，经过拣货信息处理后，转换成拣货单，并打印出来。

① 拣货单号：填写该拣货单的编号，一般为系统自动生成。
② 客户名称：填写要货的客户名称，一般写公司名称，如果为个人，则写姓名。
③ 拣货时间：填写要求拣货的时间。
④ 仓库编号：填写货品所在的仓库编号。
⑤ 出库日期：填写客户要求出库的日期。
⑥ 货品明细：填写订单中货品的编号、名称和在仓库中的储位号码。
⑦ 包装单位：选择实际的拣货单位。
⑧ 应拣数量：填写订单中要求的出库数量。

2) 拣货人按照拣货单的要求进行拣货，填写"实拣数量"，并在拣货人签字处签字确认。

3) 审核人进行确认后，在审核人签字处签字确认。

举例：2016年3月14日，上海某配送中心客服部门收到发货通知单，见表5-4。

表5-4 发货通知单

客户名称	上海沃尔玛××店		收货地址	上海市××区××镇××路××号	
收货人	杨旭		发货日期	2016年03月17日	
序号	商品编号	商品名称	规格	单位	数量	备注
1	90000098	深层洁净洗衣液2kg	4瓶/箱	箱	25	
2	90000237	芦荟洗手液500g	6瓶/箱	箱	20	
3	90000105	抑菌护肤香皂	40盒/箱	箱	15	
制单人	夏天		审核人	孙权	

当天，仓管员王聪经查询，发现这些商品均放在编号为KF009的仓库中，现库存见表5-5。

项目五　拣货作业与配货作业、补货作业

表 5-5　库存情况

货品储位	货品编号	货品名称	规格	单位	库存数量	生产日期
C01021	90000098	深层洁净洗衣液 2kg	4 瓶/箱	箱	50	2015-08-16
C01022	90000237	芦荟洗手液 500g	6 瓶/箱	箱	40	2015-08-16
C01023	90000105	抑菌护肤香皂	40 盒/箱	箱	40	2015-08-24
C01024	90000098	深层洁净洗衣液 2kg	4 瓶/箱	箱	50	2015-07-16
C01025	90000237	芦荟洗手液 500g	6 瓶/箱	箱	40	2015-09-16
C01026	90000105	抑菌护肤香皂	40 盒/箱	箱	40	2015-07-24

仓管员王聪根据现有库存情况和按照日期先进先出的原则填写拣货单，安排拣货员当天拣货。拣货员李洁根据拣货情况对拣货单进行反馈，交给拣货员王伟进行复核。

要求：将所有拣货单流转的内容都在拣货单上反馈。

具体填写表格见表 5-6。

表 5-6　填写完成的拣货单

拣货单号：

客户名称		上海沃尔玛××店			拣货时间		2016-03-14
仓库编号		KF009			出库日期		2016-03-17
货品明细							
序号	储位号码	货品编号	货品名称	包装单位		应拣数量	实拣数量	备注
				托盘	箱	单品			

序号	储位号码	货品编号	货品名称	托盘	箱	单品	应拣数量	实拣数量	备注
1	C01022	90000237	芦荟洗手液 500g		√		25	25	
2	C01024	90000098	深层洁净洗衣液 2kg		√		20	20	
3	C01026	90000105	抑菌护肤香皂		√		15	15	
制单人	王聪		拣货人	李洁			审核人	王伟	

（二）拣货行走或搬运的方法

1．人至物的方式

人至物的拣货方法是指物品位置固定，拣货员至物品位置处将物品拣出的作业方式。所使用的典型的拣货设备为台车，仓储设备为栈板储架。

2．物至人的方式

物至人的拣货方法与人至物相反，拣货时人员只停在固定位置，等待设备将欲取出的物品运至面前的作业方式。要求拣货设备自动化水平比较高，储存设备本身具备动力，能移动货品储存位置或将货品取出。所使用的典型拣货设备为动力输送带，仓储设备为水平旋转自动仓储货架。

3．自动拣货系统

自动拣货系统拣取的动作完全由自动的机械负责，无人力介入。典型设备举例：IHI 所研发适合药品、化妆品的 Itematic 设备。

三、拣货方法

（一）摘取式拣取的方法

拣货员巡回于储存场所，按照订单依次挑选出每一种商品，巡回完毕也就完成了一次拣

货作业,将配齐的货品放置到指定的暂存发货区,然后再进行下一个订单的拣货与配货。

1. 摘取式拣取的优点

1) 作业方法灵活,各种形式的拣货都可应用。
2) 订单处理前置时间短。
3) 导入容易且弹性大。
4) 作业人员责任明确,派工容易。
5) 拣货后不必再进行分拣作业,适用于大批量、少品种订单处理。

2. 摘取式拣取的缺点

1) 商品品种数多时,拣货行走路线过长,拣取效率降低。
2) 拣取区域大时,搬运系统设计困难。
3) 少量、多批次拣取时,会造成拣货路径重复,费时,效率降低。
4) 拣货效率低,差错多,一般需要下一环节作业人员对货物进行复查。

3. 摘取式拣货的作业流程(见图5-2)

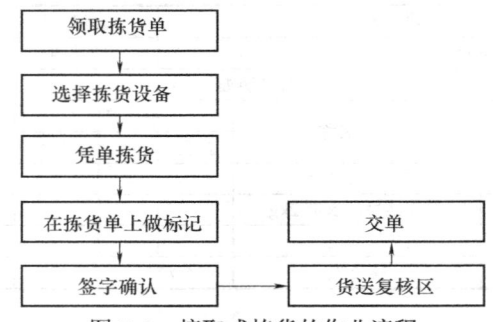

图 5-2 摘取式拣货的作业流程

(1) 领取拣货单 信息员接到客户的订单后,经审核确认,针对每一张订单制作一张拣货单。拣货员到信息部领取拣货单,以此作为拣选作业的凭证,见表5-7。

表 5-7 领取的拣货单

拣货单号:JHD0010

货主名称	沃尔玛超市		出库单号		CKD0012			
仓库编号	KF001		制单日期		2016-06-15			
货品明细								
序号	库区	储位	货品编号	货品名称	规格	单位	应拣数量	实拣数量	备注
1	A库区	01010101	61402122	康师傅方便面	40包/箱	箱	20		
2	A库区	01010102	61402145	康师傅八宝粥	40罐/箱	箱	35		
3	A库区	01010103	61402157	康师傅矿物质水	10瓶/箱	箱	25		
制单人	孙伟		拣货人			复核人		

(2) 选择拣货设备 拣货员根据需要领取测量工具(如卷尺、磅秤)和搬运工具(如物流台车、托盘车、托盘、手推车等)。

(3) 凭单拣货 拣货员按照拣货单上的货品信息找到相应的库区,拣选单上指定数量的货品,核对货品名称和编号,并检查货品外包装是否完好。

项目五　拣货作业与配货作业、补货作业

（4）在拣货单上做标记　拣货员每拣选完一种货品都要在拣货单上做相应的记号，若对应的货品数量不足，需要在拣货单上详细记录，填写实拣数量，并报给信息员处理，见表5-8。

表5-8　拣货后的拣货单

拣货单号　JHD0010

货主名称	沃尔玛超市			出库单号		CKD0012				
仓库编号	KF001			制单日期		2016-06-15				
货品明细										
序号	库区	储位	货品编号	货品名称	规格	单位	应拣数量	实拣数量	备注	
1	A库区	01010101	61402122	康师傅方便面	40包/箱	箱	20	20	√	
2	A库区	01010102	61402145	康师傅八宝粥	40罐/箱	箱	35	35	√	
3	A库区	01010103	61402156	康师傅矿物质水	10瓶/箱	箱	25	25	√	
制单人	孙伟			拣货人			复核人			

（5）签字确认　拣货单上所有货品拣选完毕后，拣货员再次核对货品和数量，正确无误后在拣货单上签字确认，见表5-9。

表5-9　确认后的拣货单

拣货单号　JHD0010

货主名称	沃尔玛超市			出库单号		CKD0012				
仓库编号	KF001			制单日期		2016-06-15				
货品明细										
序号	库区	储位	货品编号	货品名称	规格	单位	应拣数量	实拣数量	备注	
1	A库区	01010101	61402122	康师傅方便面	40包/箱	箱	20	20	√	
2	A库区	01010102	61402145	康师傅八宝粥	40罐/箱	箱	35	35	√	
3	A库区	01010103	61402156	康师傅矿物质水	10瓶/箱	箱	25	25	√	
制单人	孙伟			拣货人	张春		复核人			

（6）货送复核区　拣货员将拣选好的货品集中搬运到复核区，交给复核员复核。

（7）交单　拣货员将拣货单交给复核员，以此作为复核的凭证，见表5-10。

表5-10　复核后的拣货单

拣货单号　JHD0010

货主名称	沃尔玛超市			出库单号		CKD0012				
仓库编号	KF001			制单日期		2016-06-15				
货品明细										
序号	库区	储位	货品编号	货品名称	规格	单位	应拣数量	实拣数量	备注	
1	A库区	01010101	61402122	康师傅方便面	40包/箱	箱	20	20	√	
2	A库区	01010102	61402145	康师傅八宝粥	40罐/箱	箱	35	35	√	
3	A库区	01010103	61402156	康师傅矿物质水	10瓶/箱	箱	25	25	√	
制单人	孙伟			拣货人	张春		复核人	王军		

（二）播种式拣取的方法

拣货员将每批订货单上的同种商品各自累加起来，从储存仓位上取出，集中搬运到理货场，然后将每一个要货单位所需的数量取出，分放到该要货单位商品暂存待运货位处，直到配货完毕。

1. 播种式拣货的作业流程（见图5-3）

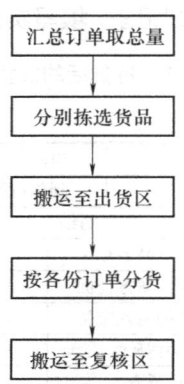

图5-3 播种式拣货的作业流程

（1）汇总订单取总量 信息员将一定时期内的所有订单汇总，按货品种类统计出各类货品数量，并制作拣货单和分货单交给拣货员。根据表5-1和表5-2，货品信息汇总后制作的拣货单见表5-11。

表5-11 货品信息汇总后的拣货单

拣货单号：JHD0010

仓库编号		KF001		制单日期			2016-06-15		
货品明细									
序号	库区	储位	货品编号	货品名称	规格	单位	应拣数量	实拣数量	备注
1	A库区	01010101	61402122	康师傅方便面	40包/箱	箱	60		
2	A库区	01010102	61402145	康师傅八宝粥	40罐/箱	箱	70		
3	A库区	01010103	61402156	康师傅矿物质水	10瓶/箱	箱	50		
制单人		孙伟		拣货人			复核人		

（2）分别拣选货品 确认拣选各货品的总数。拣货员根据拣货单的指示到相应的储位拣选指定数量的货品，见表5-12。

表5-12 分拣后的拣货单

拣货单号：JHD0010

仓库编号		KF001		制单日期			2016-06-15		
货品明细									
序号	库区	储位	货品编号	货品名称	规格	单位	应拣数量	实拣数量	备注
1	A库区	01010101	61402122	康师傅方便面	40包/箱	箱	60	60	√
2	A库区	01010102	61402145	康师傅八宝粥	40罐/箱	箱	70	70	√
3	A库区	01010103	61402156	康师傅矿物质水	10瓶/箱	箱	50	50	√
制单人		孙伟		拣货人			复核人		

（3）搬运至出货区 拣货员使用合适的搬运工具将拣选好的货品搬运至出货区。

（4）按各客户单分货 拣货员按照客户订单分拣汇总的货物。

（5）搬运至复核区 分货完成后，拣货员将各客户的货品搬运至复核区，交复核员复核。

2. **播种式拣取的优点**

（1）适合订单数量庞大的系统。

项目五 拣货作业与配货作业、补货作业

（2）可以缩短拣取时的行人搬运距离，增加单位时间的拣取量。
（3）越要求少量、多批次的配送，播种式拣取就越有效。
（4）拣货效率高，差错少，一般不需要复核。

3．播种式拣取的缺点

对订单的到来无法做出及时的反应，必须等订单达到一定数量时才做一次处理，因此，会有停滞的时间产生。

（三）电子标签拣选系统的拣货方法

1．电子标签拣选系统的作业流程

1）仓库管理系统签发出库指令。
2）电子标签拣选系统接收仓库管理系统所发指令，开启对应货品所在区域货架上的电子标签。
3）电子标签会显示需拣选出的品种和出库数量。
4）拣货员按照标签指示完成拣货作业，并按下"确认"键。
5）拣货员继续其他分区的拣货作业。
6）拣货作业全部完成后，到复核区集中。

2．电子标签拣选系统的特点

1）提升作业效率。
2）降低前置作业时间并大幅降低错误率。
3）实现无纸化、标准化作业。
4）缩短操作人员上线的培训过程。

（四）其他的拣取方法

自动分拣系统是指从货物进入分拣系统到送至指定的分配位置为止，都是按照人们的指令靠自动分拣装置来完成的方法，如图5-4所示。

图5-4 自动分拣系统

1．自动分拣系统的特点

1）大大提高了分拣速度，并且能连续、大批量地分拣货物。

2）分拣误差率很低。
3）分拣基本实现了无人化。

2. 自动分拣系统的适用环境

自动分拣系统适用于分拣量较大的情况。

四、电子辅助分拣系统

（一）摘果式电子辅助分拣系统的基本构成

摘果式电子辅助分拣系统（Digital Picking System，DPS）应用电子显示标签进行摘果式拣选，一般要求每一品种货物（货位）对应一个电子显示标签，控制计算机系统可根据货物位置和订单数据发出出货指示，并使货位上的电子显示标签亮灯，操作员根据电子标签所显示的数量及时、准确地完成拣货作业，如图5-5所示。摘果式电子辅助分拣系统的基本构成如图5-6所示。

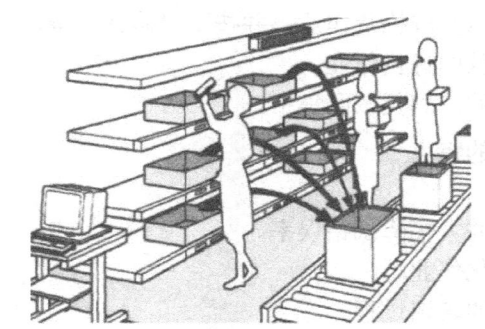

图 5-5 摘果式电子辅助分拣系统

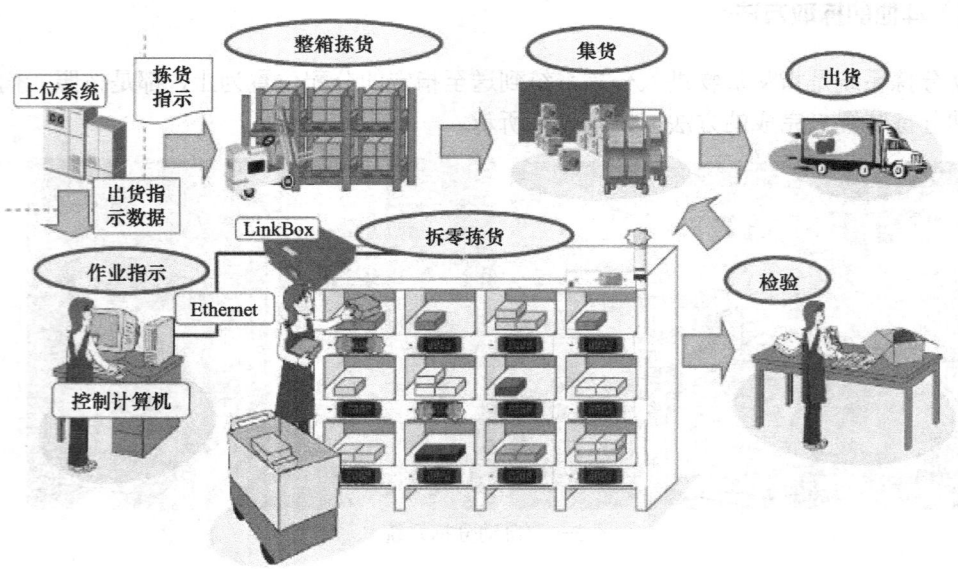

图 5-6 摘果式电子辅助分拣系统的基本构成

项目五　拣货作业与配货作业、补货作业

（二）播种式电子辅助分拣系统的基本构成

播种式电子辅助分拣系统（Digital Assorting System，DAS）应用电子显示标签的播种式分拣系统，其每个电子标签货位代表一张订单（即一个客户），操作员先通过条码扫描把将要分拣货物的信息输入系统中，需要货物的货位所在的电子标签就会亮灯，同时显示出该位置所需分货的数量。载有单一品种货物的拣货员或设备巡回于各个客户的分货位置，按电子标签显示数量进行分货，如图 5-7 所示。播种式电子辅助分拣系统的基本构成如图 5-8 所示。

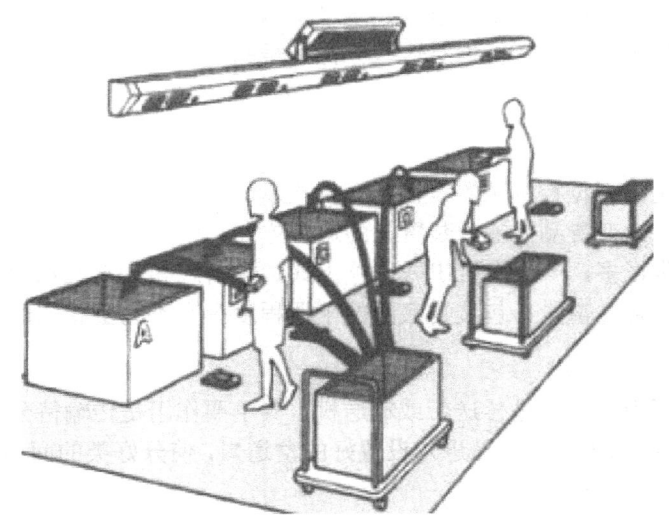

图 5-7　播种式电子辅助分拣系统

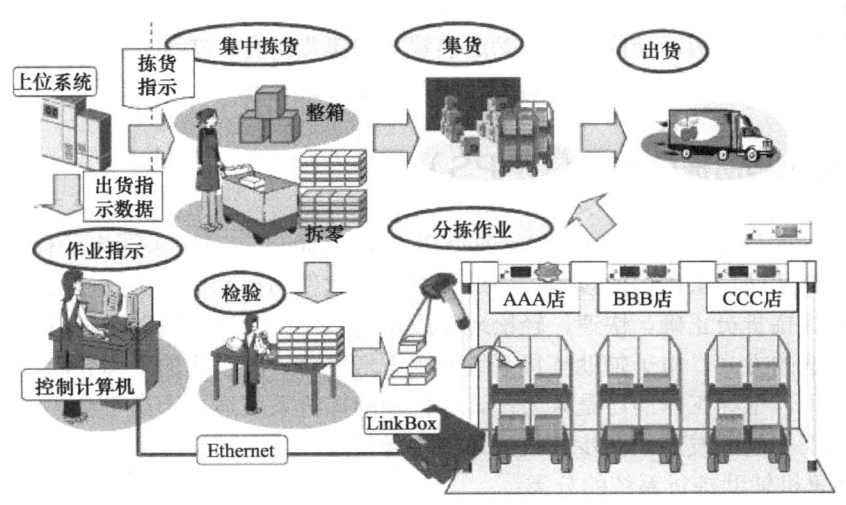

图 5-8　播种式电子辅助分拣系统的基本构成

（三）自动分拣系统的基本构成

自动分拣系统一般由控制装置、分类装置、输送装置和分拣道口组成。这四部分装置通过计算机网络联结在一起，配合人工控制及相应的人工处理环节构成一个完整的自动分拣系统。

1．控制装置

控制装置的作用是识别、接收和处理分拣信号，根据分拣信号的要求指示分类装置按商品品种、商品送达地点或货主的类别对货品进行自动分类。这些分拣需求可以通过不同方式，如可通过条码扫描、色码扫描、键盘输入、重量检测、语音识别、高度检测及形状识别等方式，输入到分拣控制系统中去，根据对这些分拣信号的判断来决定某一种商品该进入哪一个分拣道口。

2．分类装置

分类装置的作用是根据控制装置发出的分拣指示，当具有相同分拣信号的商品经过该装置时，该装置动作，改变货品在输送装置上的运行方向，使其进入其他输送机或进入分拣道口。分类装置的种类很多，一般有推出式、浮出式、倾斜式和分支式几种，不同的装置对分拣货物的包装材料、包装重量、包装物底面的平滑程度等有不完全相同的要求。

3．输送装置

输送装置的主要组成部分是传送带或输送机，其主要作用是传输待分拣货品，通过控制装置、分类装置，让不同类别的货品进入设置好的岔道口，使分好类的商品滑下主输送机（或主传送带），以便进行后续作业。

4．分拣道口

分拣道口是已分拣货品脱离主输送机（或主传送带）进入集货区域的通道，一般由钢带、传动带、滚筒等组成滑道，使商品从主输送装置滑向集货站台，在那里由工作人员将该道口的所有商品集中后或是入库储存，或是组配装车并进行配送作业。

五、计算机辅助拣货系统（CAPS）

计算机辅助拣货系统（Computer Assisted Picking System，CAPS）即电子标签拣货系统，是一组安装在货架储位上的电子设备，通过计算机与软件的控制，借由灯号与数字显示作为辅助工具，引导拣货员正确、快速、轻松地完成拣货工作。计算机辅助拣货系统可用于批量拣选和按单拣选的方式。电子辅助拣货系统适用于低平台、流水化的平面仓库，在拣货作业中起到辅助作用，主导工作的还是人力；计算机辅助拣货系统适用于高平台、自动化的立体仓储，随着人工智能的发展，逐步替代人力的主导作用。

CAPS 计算机辅助拣货系统的分类：

1．摘取式拣货（Digital Picking System，DPS）
2．播种式拣货（Digital Assorting System，DAS）

项目五　拣货作业与配货作业、补货作业

任务实施

一、任务要求

学生按照工作人员职位与职责的不同，以 7~10 人为一组，仓库经理 1 名、仓储主管 1 名、仓库管理员 2~3 名、信息员 1~2 名、拣货员 2~3 名，分别扮演不同的角色。以小组为单位，完成如下任务：

1. 通过小组讨论学习，掌握拣货作业的方式及相关的作业流程。
2. 根据任务中订单处理情况，选择合理的拣选方式，按照拣选作业流程完成两个门店货物的拣选作业。

二、所用设备

实训室配备的机械设备、讲解课件、拣货作业流程视频等。

任务巩固

电子标签辅助拣货系统的应用

电子标签辅助拣货系统为分布式管理系统，以中央计算机为上位机，以多组安装在货物储位上的电子标签为下位机。该系统通过中央计算机控制电子标签的指示灯信号、蜂鸣器声音、数码显示等信号，使作业人员正确、快速、轻松地完成补货（入库）和出货（出库）任务。它具有弹性控制作业时间、即时现场控制、紧急订单处理等功能，从而达到有效降低拣货错误率、加快拣货速度、提高工作效率、合理安排拣货人员行走路线等目的。操作步骤：

1）无须打印出库单，出库和入库信息通过中央计算机直接下载到对应的电子标签中。
2）电子标签发出光、声音指示信号，指导拣货员完成拣货。
3）拣货员完成作业后，按动电子标签按键，取消光、声音指示信号，将完成信息反馈给中央计算机。
4）拣货员按照其他电子标签指示继续进行拣货。操作界面如图 5-9 所示。

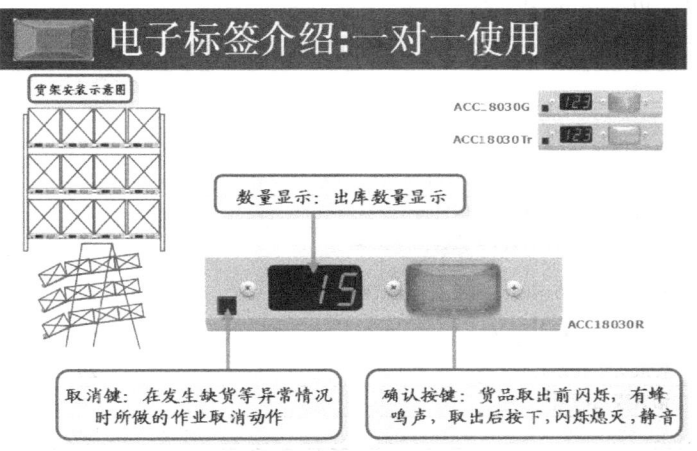

图 5-9　电子标签的操作界面

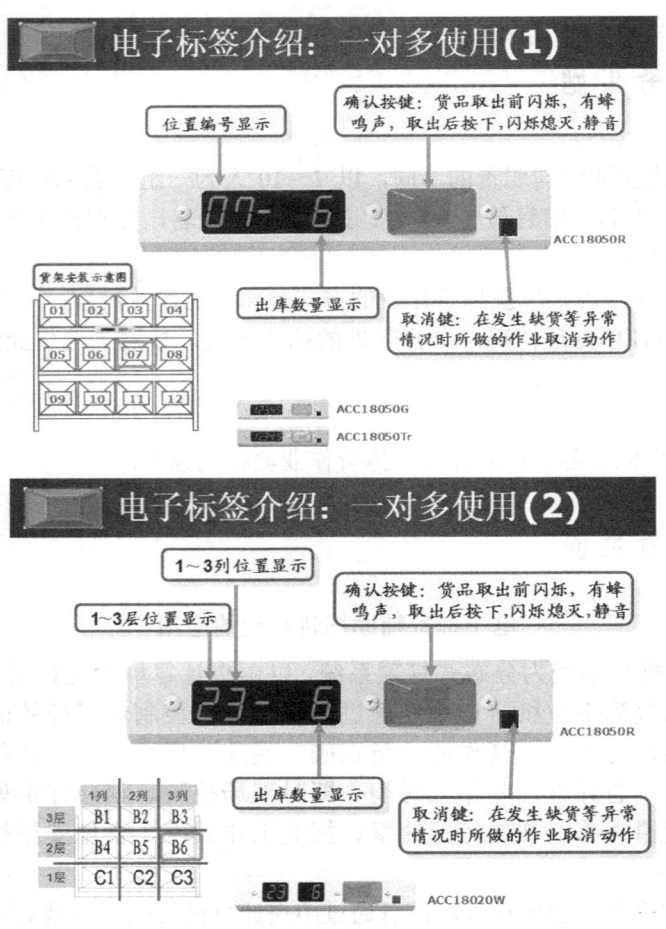

图 5-9　电子标签的操作界面（续）

任务考核

拣货作业能力评价表见表 5-13。

表 5-13　拣货作业能力评价表

考评人		被考评人	
考评地点			
考评内容	拣货作业		
考评标准	内容	分值/分	实际得分
	拣货作业的方式描述正确	20	
	各拣货作业方式的作业流程描述正确	20	
	各拣货作业方式的作业特点描述正确	10	
	相关单证的填写准确	20	
	各成员积极参与	20	
	语言表达清晰	10	
合计		100	

注：考评满分为 100 分，60~70 分为及格；71~80 分为中等；81~90 分为良好；91 分以上为优秀。

项目五　拣货作业与配货作业、补货作业

任务二　配货作业

任务描述

小张在对上述项目中的两张订单做订单处理，拣货员小孙完成两个门店客户订单的拣选作业后，接着配货员小王将完成对两个门店的配货作业，以保证配送作业的顺利完成。

知识准备

一、配货作业的概念

配货作业是指把拣取分类完成的货品经配货检查，装入容器并做好标识，再运到配货准备区，等待装车、发运的过程。配货环节是配送中心区别于传统仓储行业的一个重要特征。没有配货就没有配送中心，配货是整个配送作业的关键环节。

二、配货作业的主要形式

（一）拣选式配货

拣选式配货作业是分拣人员或分拣工具巡回于各个储存点并将分店所需货物取出，完成配货任务，货位相对固定，而分拣人员或分拣工具相对运动。

（二）分货式配货

1. "人到货"分拣方法

"人到货"分拣方法是分拣货架不动，即货物不运动，通过人力拣取货物。在这种情况下，分拣货架是静止的，而分拣人员带着流动的集货货架或容器到分拣货架，即拣货区拣货，然后将货物送到静止的集货点。

2. 分布式的"人到货"分拣方法

分布式的"人到货"分拣方法的分拣货架也是静止不动的，但分货作业区被输送机分开。这种分拣方法也简称为"货到传送带"法。

（三）分拣式配货

1. "货到人"的分拣方法

"货到人"的分拣方法是人不动，托盘（或分拣货架）带着货物来到分拣人员面前，再由不同的分拣人员拣选，拣出的货物集中在集货点的托盘上，然后由搬运车辆送走。

2. 闭环"货到人"的分拣方法

闭环"货到人"的分拣方法中载货托盘（即集货点）总是有序地放在地上或搁架上，处在固定位置。输送机将分拣货架（或托盘）送到集货区，拣货人员根据拣货单拣选货架中的货物，放到载货托盘上，然后移动分拣货架，再由其他的分拣人员拣选，最后通过另一条输送机将拣空后的分拣货架（拣选货架）送回。

（四）自动分拣式配货

自动化分拣系统的分拣作业与上面介绍的传统分拣系统有很大差别，可分为三大类：自动分拣机分拣、机器人分拣和自动分类输送机分拣。

1. 自动分拣机分拣系统

自动分拣机一般称为盒装货物分拣机，是药品配送中心常用的一种自动化分拣设备。这种分拣机有两排倾斜的放置盒状货物的货架，架上的货物用人工按品种、规格分别分列堆码；货架的下方是输送机；根据集货容器上条码的扫描信息控制货架上每列货物的投放；投放的货物接装进集货容器，或者落在传送带上后，再由传送带输送进入集货容器。

2. 机器人分拣系统与装备

与自动分拣机分拣相比，机器人分拣具有很高的柔性。

3. 自动分类输送机分拣系统

当供应商或货主通知配送中心按订单发货时，自动分拣系统在最短的时间内可从庞大的存储系统中准确找到要出库的商品的所在位置，并按所需数量、品种、规格出库。自动分类输送机分拣系统一般由识别装置、控制装置、分类装置、输送装置组成，需要自动存取系统（AS/RS）支持。

三、配货作业的工作步骤

1）配送管理部门接到订单后，首先由管理人员进行订单分析处理，将配送需求指示转换成配货单。

2）向有关的作业人员传递并下达配货指令。

3）配货作业人员根据配货单上的内容说明，按照出货优先顺序、储位区号、配送车辆车次号、客户号、先进先出等方法，把出货商品分拣、组配、整理出来。

4）经复核人员确认无误后，将出货商品放置到暂存区，准备装货上车。

四、分货作业

（一）分货作业的定义

分货作业是在拣货作业完成之后，将所拣选的货品根据不同的客户进行的分类，对其中需要经过流通加工的商品拣选集中后，先按流通加工方式分类，分别进行加工处理，再按送货要求分类出货的过程。该作业承接的是分拣作业的最后一个环节——货物集中。

（二）分货与集中

若配送中心采用播种式拣货作业方式，在拣取完毕后则需要根据订单类别、客户地理位置、送货要求、配送路线等相关信息对货物进行分类和集中的处理，在开展分货作业时，物流人员需要根据实际情况选择不同的分货方式,分货方式见表 5-14。

表 5-14 分货方式汇总

分货方式	分货步骤简介	效率分析
人工分货	所有分货作业过程全部由人根据订单或拣货单自行完成,而不借助任何计算机或自动化的辅助设备	效率较低,适用于品种单一、规模较小的仓库
自动分类机分货	利用自动分类机及分辨系统完成分货工作,其步骤如下:①将有关货物及分类信息通过信息输入装置输入自动控制系统;②自动识别装置对输入的货物信息进行识别;③自动分类机根据识别结果将货物分类后送至不同的分类系统	用于多品种、业务繁忙的配送中心
旋转货架分货	利用旋转货架完成分货工作,其步骤如下:①将旋转货架的每一格当成相应客户的出货箱;②作业人员在计算机中输入各客户的代号;③旋转货架自动将货架转至作业人员面前	半自动化操作,节省成本

五、配货检查

拣取的货物经过分类、集中后,需要对货物的状态及品质进行检验,以保证发运前货物的品质合格、数量无误、质量及配货状态不存在问题。配货检查属于确认拣货作业是否产生错误的处理作业,如果能先找出拣货作业不会发生错误的方法,就能避免事后检查,或者只对少数容易出错的货品做检查。配货检查最简单的方法就是人工检查,也就是将货品一个个点数并逐一核对出货单,再进而查验货品品质及状态。就货品的品质及状态检验而言,纯人工方式很难将问题一一找出,即使是多次检查,耗费了许多时间,错误很可能依然存在,因此,有必要拓展和开发更有效的出货检查方法。配货检查作业程序及作业效果见表 5-15。

表 5-15 配货检查作业程序及作业效果表

检查方式	作业程序	作业效果
条码检查	导入条码,让条码跟着货物。利用条码扫描器读移动着的货物条码,计算机自行统计扫描信息,并与出货单进行对比,从而检查货物数量和编号是否有误	相对于人工检查,效率高,出错率低
声音输入检查	当物流人员发声读出货物名称、代码和数量后,计算机接受声音并自动判别,转换成资料信息后,与出货单进行对比,从而判断是否有误	效率高,但要求作业人员发音准,并且每次发音字数有限,否则会造成计算机识别困难,进而产生错误
重量计算检查	利用计算机计算出货单上的所有货物的总重量,再将计算结果与称出的货物的实际重量进行核对。利用装有检核系统的拣货对台车拣货,在拣取过程中就能利用此法来对拣货商品做检查,拣货人员每拣取一样货品,台车上的计重器就会自动显示其重量并做核对	可省去事后检查工作,并且效率及正确性极高

任务实施

一、任务要求

学生按照工作人员职位与职责的不同,以 7~10 人为一组,仓库经理 1 名、仓储主管 1 名、仓库管理员 2~3 名、信息员 1~2 名、配货员 2~3 名,分别扮演不同的角色。以小组为单位,完成如下任务:

1. 通过小组讨论学习,掌握配货作业的方式及相关的作业流程。
2. 根据配货作业的操作步骤,完成门店订单的配货作业。

二、所用设备

自动分类机、条码扫描器等配货过程中用到的设施设备。

任务巩固

分拣配货率

分拣配送作业的作业速度、效率及出错率直接影响到用户及客户的满意程度。分拣配货作业一般是按不同的要求分拣配货,即根据接受订货这一商品流通活动,将所需的商品从库存中挑选出来发货的业务。分拣配货适合复杂、工作量很大的物流活动,尤其是品种规格多而需求批量小时,如果再加上需求的频度很高,就必须在很短的时间内完成分拣配货工作。分拣配货作业常用的作业方法有拣选式和分拣式两种。综合以上,分拣配货率事实上就是指从保管商品中抽取的商品能真正符合配货要求的比例。

任务考核

配货作业能力评价表见表 5-16。

表 5-16 配货作业能力评价表

考评人		被考评人	
考评地点			
考评内容	配货作业		
考评标准	内容	分值/分	实际得分
	有关配货作业的描述正确	20	
	配货作业完成情况较好	30	
	相关单证的填写准确	20	
	各成员积极参与	20	
	语言表达清晰	10	
合计		100	

注:考评满分为 100 分,60~70 分为及格;71~80 分为中等;81~90 分为良好;91 分以上为优秀。

任务三 补货作业

任务描述

配送中心信息员小张临时接到一客户的紧急订单,在确认拣货货物时,发现货物数量不足,则由系统自动生成补货计划,为保证拣货作业顺利进行,配送主管安排补货员小刘进行补货作业。

补货单上的信息如下:

取货货位:40190815　　　　　目标货位:10011422
货品代码:09010543　　　　　货品名称:听装雪花啤酒
规格/单位:330mL×24 瓶/件　　件数:12 件+5 瓶

知识准备

一、补货作业的概念

在配送中心的一般作业流程中,补货实际上是拣货的一种辅助活动。

广义的补货是指需求企业库存量低于最低库存时,向供应商或配送中心发出订货补货信息,采用批量连续供货等形式通过市场信息的实时传递,保证货物的不断货和降低缺货率。

狭义的补货是指在配送作业的流程中,从储存区把货物运到拣货区的工作,这也是本任务中所讲的补货。

补货作业的主要内容应包括:确定所需补充的货物,领取商品,做好上架前的各种打理、准备工作,补货上架等。

二、补货的作业流程

补货作业的具体流程如图 5-10 所示。

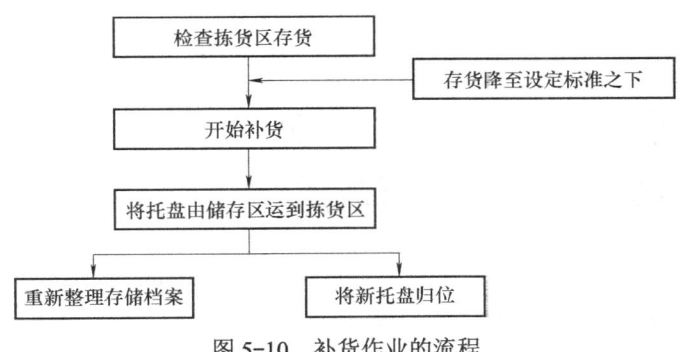

图 5-10 补货作业的流程

三、补货的方法

(一)整箱补货

整箱补货是指从保管区的货架上面补货至流动架的动管区(见图 5-11),这种补货方式适合体积小且少量多样出货的货物。

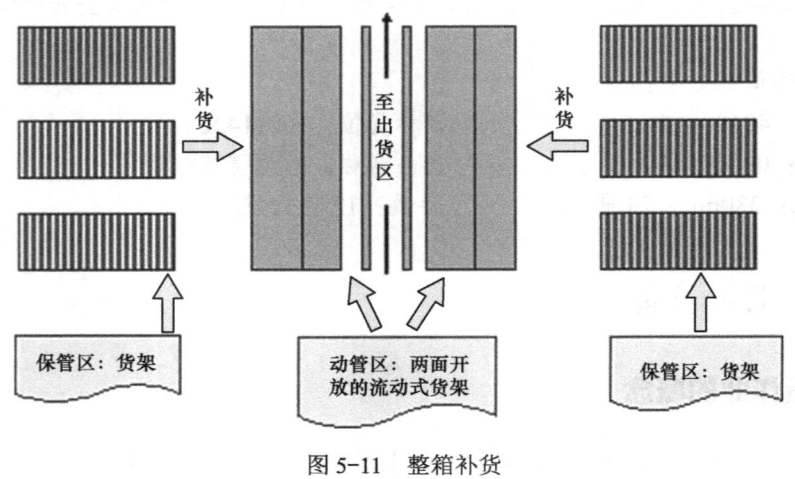

图 5-11 整箱补货

(二)整托补货

整托补货方法有以下两种情况:

1)地板与地板之间的整托盘补货(见图 5-12):较适合体积大或出货量多的物品。托盘上装载货物,对齐四边,平置码放在地板上;或者托盘上装满货物,对齐四角,推叠码放在地板上。

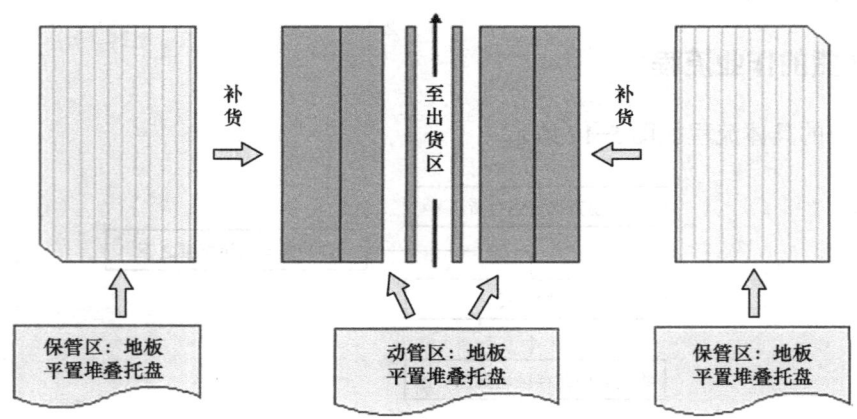

图 5-12 地板与地板之间的整托盘补货

2)地板与货架之间的整托盘补货(见图 5-13):较适合体积中等或中量(以箱为单位)

项目五 拣货作业与配货作业、补货作业

出货的物品。

图 5-13 地板与货架之间的整托盘补货

四、补货时机

1．批次补货

每天或每次拣取前，经由计算机计算所需货品的总拣取量，再查看拣货区的货品存量，在拣取前的特定时点补足货品。此为"一次补助"的补货原则，比较适合一日内作业量变化不大，紧急插单不多，或者每批次拣取量大而需要事先掌握的情况。

2．定时补货

将每天划分为数个时点，补货人员在时段内检查拣货区的货品存量，若不足即马上将货架补满。此为"定时补足"的补货原则，比较适合分批拣货时间固定，并且处理紧急插单时间也固定的公司。

3．随机补货

随机补货是指定专门的补货人员，随时巡视拣货区的货品存量，有不足随时补货的方式。此为"不定时补足"的补货原则，比较适合每批次拣取量不大，紧急插单多，以至于一日内作业量不易事前掌握的情况。

任务实施

一、任务要求

学生按照工作人员职位与职责的不同，以 7～10 人为一组，物流部门经理 1 名、仓储主管 1 名、仓库管理员 2～3 名、信息员 1～2 名、补货员 2～3 名，分别扮演不同的角色。以小组为单位，完成如下任务：

1．通过小组讨论学习，掌握各种补货方法、补货时机及补货流程。

2．通过讨论确定任务实际情况，选择合理的补货时机和补货方式，并完成补货作业。

二、所用设备

实训室配送所用的机械设备、理论知识讲解课件、补货作业视频等。

任务巩固

自动补货系统

自动补货系统（Automatic Replenishment Programs，ARP）是一种利用销售信息、订单经由 EDI 连接合作伙伴的观念，合作伙伴之间必须有良好的互动关系，并且利用电子信息交换等方式提供信息给上下游。也就是说，ARP 是一种库存管理方案，是以掌控销售信息和库存量作为市场需求预测和库存补货的解决方法，由销售信息得到消费需求信息，供应商可以更有效地计划，更快速地反映市场变化和用户需求，因此，ARP 可以降低库存量、改善库存周转，进而保证库存量的最佳化，而且供应商与批发商可分享重要信息，双方都可以改善需求预测、补货计划、促销管理和运输装载计划等。

自动补货系统能使供应商对其所供给的所有分门别类的货物及在其销售点的库存情况了如指掌，从而自动跟踪补充各个销售点的货源，使供应商提高了供货的灵活性和预见性，即由供应商治理零售库存，并承担零售店里的全部产品的定位责任，使零售商大大降低零售成本。

一种商品一旦被大量采购，就会促使该商品的制造商大量生产此种商品，也会使该商品在供给链中快速流动起来。随着供给链治理的进一步完善，补货到零售店的责任，如今已从零售商转到了批发商或制造商的身上。对制造商和供应商来说，把握了零售店的销售量和库存，便可以更好地安排生产计划、采购计划和供货计划，这是一个互助的商业生态系统。

从库存治理角度看，在库存系统中，订货点与最低库存之差主要取决于从订货到交货的时间、产品周转时间、产品价格、供销变化及其他变量。订货点与最低库存之差保持一定的距离，是为了防止产品脱销等不确定性情况的出现。为了快速反映客户"降低库存"的要求，供应商通过与零售商缔结伙伴关系，主动向零售商频繁交货，并缩短从订货到交货之间的时间间隔，这样就可以降低整个货物补充过程（从工厂到门店）的存货，尽量切合客户的要求，同时减轻存货和生产波动。

自动补货系统的成功要害在于，在信息系统开放的环境中，供应商和零售商之间通过库存报告、销售猜测报告和订购单报文等有关商业信息的最新数据实时交换，使得供应商从过去的单纯执行零售商订购任务转而主动为零售商分担补充库存的责任，以最高效率补充销售点或仓库的货物库存。

为了确保数据能够通过 EDI 在供给链中畅通无阻地流动，所有参与方（供给链上的所有节点企业）都必须使用同一个通用的编码系统来识别产品、服务及位置，这些编码是确保自动补货系统实施的唯一解决方案。而之前的条码技术正是这套解决方案的中心基础。

要使连续补货有效率，货物的数量还需要大到有运输规模经济效益才行，而沃尔玛的销售规模足以支撑连续补货系统的使用。

任务考核

补货作业能力评价表见表 5-17。

项目五　拣货作业与配货作业、补货作业

表 5-17　补货作业能力评价表

考评人				
考评地点			被考评人	
考评内容	补货作业			
考评标准	内容		分值/分	实际得分
	补货作业的时机正确		20	
	补货作业的方法正确		20	
	补货作业的完成情况较好		30	
	小组合作能力强		10	
	成员积极参与		10	
	语言表达清晰		10	
合计			100	

注：考评满分为100分，60～70分为及格；71～80分为中等；81～90分为良好；91分以上为优秀。

项目六　送货作业

学习目标

1. 交接货品和单据后，能够按顺序将客户的货品进行装车作业。
2. 在将货品送到门店（客户）时能按要求交接货品和相关单据。
3. 能将客户退回的货品按要求完成交接工作。
4. 能够处理特殊货物的送货作业。

项目概述

出库单见表 6-1 和表 6-2。

表 6-1　出库单一

出库单号：CKD933

货主名称	康师傅集团				发货通知单号		CKD0012	
收货客户	沃尔玛超市				发货日期		2016-07-04	
货品编号	货品名称	规格	单位	计划数量	实际数量	收货人签收数量	备注
61402122	康师傅方便面	40 包/箱	箱	20			
61402145	康师傅八宝粥	40 罐/箱	箱	35			
61402156	康师傅矿物质水	10 瓶/箱	箱	25			
仓管员			制单人		夏周	收货人	

表 6-2　出库单二

出库单号：CKD935

货主名称	康师傅集团				发货通知单号		CKD0013	
收货客户	家乐福超市				发货日期		2016-07-04	
货品编号	货品名称	规格	单位	计划数量	实际数量	收货人签收数量	备注
61402122	康师傅方便面	40 包/箱	箱	40			
61402145	康师傅八宝粥	40 罐/箱	箱	35			
61402156	康师傅矿物质水	10 瓶/箱	箱	25			
仓管员			制单人		夏周	收货人	

上述两客户的货物拣出后，经核对无误后存放在出库暂存区，等待送货。

任务一　点货上车作业

任务描述

出货员与配送员进行待配送货物的交接，进行点货上车作业。

项目六　送货作业

知识准备

一、点货上车作业的概念

点货上车作业是根据出库凭证和配送员提供的装车单进行点货并指导装车等一系列作业活动。点货上车作业分为点货作业和上车作业两个过程。

二、点货作业的流程

点货作业是货品配送上车前按照客户或门店订单进行清点、核对数量的过程，是确保配送到各门店货品的名称、数量等正确的重要保证。

1．领取单据

接到出货指令后，出货员到信息部领取出货凭证，作为点货上车的依据。

2．核对装车单

出货员核对配送员提供的装车单与出货凭证上的货品名称、数量、规格、价格等信息是否一致，若信息不一致拒绝装车，交信息员处理差异后方可继续操作。

3．清点货品

出货员根据出货凭证清点货品。核对货品实物与出货凭证信息是否一致。若信息不一致，交复核员处理差异。

4．签名确认

出货员按要求清点完货品后签名确认。

5．搬运至出货月台

出货员将清点完的货品搬运至出货月台，进行上车作业。

三、上车作业的流程

出货员按要求清点好货品后，将货品搬运至指定的出货月台，并根据装车单上排好的配送顺序装货上车，并在不同客户的货品之间做区别标示。

1．确定配送顺序

出货员核对装车单上的配送顺序，并按照"先送后装"的基本原则制订装车顺序和装车方案。

2．指导装货上车

出货员按照装车顺序指导和监督装货上车过程。

3．在不同客户的货品之间做区别标示

配送员每装好一个客户的全部货品后，必须在货品上做明显的标示，以便卸货。

任务实施

小组合作，分别担任配送员、出货员，共同完成点货上车作业。

1. 进行点货作业。
2. 进行上车作业。

任务巩固

调研身边的配送企业，它们的点货上车作业是怎样做的？

任务考核

点货上车作业能力评价表见表 6-3。

表 6-3 点货上车作业能力评价表

考评人		被考评人	
考评地点			
考评内容	点货上车作业		
考评标准	内容	分值/分	实际得分
	点货作业正确	30	
	上车作业正确	30	
	单据填制正确	20	
	团队积极合作	20	
合计		100	

注：考评满分为 100 分，60~70 分为及格；71~80 分为中等；81~90 分为良好；91 分以上为优秀。

任务二　下货验收作业

任务描述

配送车辆到达沃尔玛超市，门店收货人员核对订单和送货单，核对无误后，接下来将如何组织下货验收作业呢？送货单见表 6-4。

表 6-4 送货单

客户名称	沃尔玛超市		送货单号		CKD0012
货品明细					
序号	货品编号	货品名称	规格	单位	数量
1	61402122	康师傅方便面	40 包/箱	箱	20
2	61402145	康师傅八宝粥	40 罐/箱	箱	35
3	61402156	康师傅矿物质水	10 瓶/箱	箱	25

项目六　送货作业

知识准备

一、下货验收作业的概念

配送车辆将货品送达客户后，配送员将货品搬运下车，协助客户工作人员根据订单核对货品、清点数量、检查包装和质量，经检查核对无误，在送货单上签名确认，若发现差异，必须进行差异处理，这个过程被称为下货验收作业。

二、下货验收作业的流程

下货验收作业可分为下货作业和验收作业两个流程。

1. 下货作业

下货即卸货，门店卸货的主要步骤如下：

（1）车辆停靠　配送车辆到达客户所在场地后，在客户工作人员的指挥下将车辆停靠到位。

（2）投单　配送员下车后，首先将送货单交给客户收货人员，收货人员核对送货单信息与订单信息是否一致。若发现货品名称、数量、规格、价格等不一致，和配送员做差异处理，打印差异单。

（3）搬运下车　配送员从配送车上找到该客户货品并将其搬运下车。

（4）入店堆叠　配送员与客户工作人员将货品搬运到客户指定的收货位置并按规定堆叠。

2. 验收作业

验收作业的主要步骤如下：

（1）清点货品　配送员协助客户收货人员检查货品品种、规格、数量是否正确。

（2）货品签收　确认货品无误后，配送员请客户收货人员在送货单上签名确认。

三、验收作业的异常情况处理

若发现货品名称、数量、规格等与单据信息不一致，配送员与收货人员做差异处理，打印差异单。

若发现货品破损或保质期超过规定期限等，收货人员拒收该货物。配送员及时记录异常商品相关情况，并向上级汇报。

任务实施

小组合作，分别担任配送员、客户工作人员，共同完成下货验收作业。
1. 进行下货作业。
2. 进行验收作业。

任务巩固

调研身边的配送企业，它们的下货验收作业是怎样做的？

任务考核

下货验收作业能力评价表见表 6-5。

表 6-5　下货验收作业能力评价表

考评人		被考评人	
考评地点			
考评内容	下货验收作业		
考评标准	内容	分值/分	实际得分
	下货作业正确	30	
	验收作业正确	30	
	单据填制及差异处理正确	20	
	团队积极合作	20	
合计		100	

注：考评满分为 100 分，60~70 分为及格；71~80 分为中等；81~90 分为良好；91 分以上为优秀。

任务三　返品回收作业

任务描述

配送员将所送货物进行签收，同时带回两家门店的退货，见表 6-6、表 6-7 和表 6-8。

表 6-6　退货单一

退货单单号：TH83007

客户名称	家乐福超市	供应商名称	三枪集团
货品明细			
序号	货品名称	数量	单价/元	金额/元	退货原因
1	枪手防蚊喷雾	4 箱	400	1600	季节性下架

表 6-7　退货单二

退货单单号：TH83008

客户名称	家乐福超市	供应商名称	迈腾集团
货品明细			
序号	货品名称	数量	单价/元	金额/元	退货原因
1	迈腾电风扇	1 箱	200	200	质量问题

表6-8 退货单三

退货单单号：TH77012

客户名称	沃尔玛超市	供应商名称	康师傅集团
货品明细			

序号	货品名称	数量	单价/元	金额/元	退货原因
1	康师傅方便面	1箱	500	500	口味发错

以上货品将如何进行返品回收作业？

知识准备

一、返品回收作业的概念

返品回收作业是指仓库按订单或合同将货物发出后，由于某种原因，客户（门店）将货物退回仓库（配送中心）的过程。

二、返品回收作业的流程

返品回收作业流程包括验收、整理、RF扫描退货品三个过程。

1．返品验收

退货收货员根据配送员带回来的退货单核对退货名称、数量、规格、保质期等信息，若实际货品与退货单信息不一致，找配送员进行差异处理。

2．返品整理

退货收货员将验收好的货品按照供应商、生产日期、货品的状态分类整理。

3．RF扫描退货品

将退货品用RF手持终端扫描，根据RF手持终端显示的信息对货品进行分类。

（1）良品入库　分类整理好的良品，交仓管员验收。仓管员验收核对货品名称、数量、规格、保质期等信息。确认无误后用RF手持终端扫描，并根据RF手持终端提示信息，将货品放入指定货位，存放好货品后扫描货位条码。

（2）拒收退　对于不符合退货条件的货品，退货收货员整理后由配送员带回给客户并附带拒收退原因说明。

（3）不良品退仓　不良品移交供应商，供应商审核退货。若发现不符合退货条件，与退货部处理差异；符合退货条件的货品退回供应商处理。

三、返品的操作原则

1）以有关方面的法律、法规为依据。
2）维护客户合法、合理的利益。
3）责任明确。
4）以存在的事实凭有效凭证办理。
5）退货具体规定要明确。

四、如何减少返品的回流

分析客户退货的原因主要有以下几种：依照协议可以退货的情况，如超市与供应商签订有特别协议的季节性商品、试销商品、代销商品等；有质量问题的可以退货；搬运中损坏的可以退货；商品过期退回；瑕疵品收回；商品送错退回等。要想减少返品的回流，需要考虑上述因素，做好以下方面：

1）货品出库时进行质量检查，严禁质量不合格货品和瑕疵品出库。
2）规范装卸搬运操作，做好包装，尽量避免货物损坏。
3）货物出库时核对客户信息和货物信息，避免送错客户。

任务实施

小组合作，分别担任配送员、退货收货员、仓管员、供应商代表，共同完成返回品的回收处理作业。

1．进行返品验收。
2．进行返品处理。
3．RF 扫描退货品，分别进行良品入库、不良品退仓、拒收退等作业。

任务巩固

调研身边的配送企业，它们的返品作业是怎样做的？

任务考核

返品回收作业能力评价表见表 6-9。

表 6-9 返品回收作业能力评价表

考评人		被考评人	
考评地点			
考评内容	返品回收作业		
考评标准	内容	分值/分	实际得分
	返品验收正确	25	
	返品处理正确	25	
	RF 扫描退货品操作正确	30	
	团队积极合作	20	
合计		100	

注：考评满分为 100 分，60~70 分为及格；71~80 分为中等；81~90 分为良好；91 分以上为优秀。

任务四　交单收班作业

任务描述

车辆返回配送中心后，接下来进行的是配送作业的最后一个环节——交单收班作业。

知识准备

一、交单收班作业的概念

交单收班作业是物流配送作业的最后一个环节，也是很关键的一个环节。配送员送货归来后，将出车单和送货单交回配送中心信息员，信息员将实际客户的收货信息进行审核。配送员还要与退货人员交接退货，清点物流箱，最后交车。这个过程就是交单收班作业。

二、交单收班作业的工作流程

1．车辆返回

车辆返回配送中心。

2．入库交接

配送车辆返场后，配送员按门店逐次将退货搬运下车，放在指定区域，并将空物流箱摆放在指定位置。

3．在库对点

配送员与退货验收人员按照出车单清点物流箱数量，根据退货单信息检查货品数量规格是否正确。

4．货物签收

双方验收无误后，退货验收人员在退货单上签字确认，并将一联交回配送员。

5．停放好车辆

司机将车辆整齐停放在指定的车位。

6．交车及车钥匙

上交配送单据和车钥匙。

7．收工下班

完成以上步骤后，配送员便可收工下班。

任务实施

小组合作，分别担任司机、退货验收人员、配送员等，共同完成交单收班作业。

1．入库交接。
2．在库对点，货物签收，填好退货单。
3．停放车辆，交车。

任务巩固

调研身边的配送企业，它们的交单收班作业是怎样做的？

任务考核

交单收班作业能力评价表见表6-10。

表6-10　交单收班作业能力评价表

考评人		被考评人	
考评地点			
考评内容	交单收班作业		
考评标准	内容	分值/分	实际得分
	入库交接正确	30	
	在库对点和货物签收正确	30	
	停放车辆和交车正确	20	
	团队积极合作	20	
合计		100	

注：考评满分为100分，60～70分为及格；71～80分为中等；81～90分为良好；91分以上为优秀。

项目七 车辆调度作业

学习目标

1. 熟悉车辆调度的作业流程。
2. 能合理安排车辆的运输路线。
3. 会使用 GPS 对车辆定位。

项目概述

客户家乐福超市和沃尔玛超市的配送任务由调度员小林负责车辆调度作业。小林对车辆进行调度,使用配送调度管理系统对车辆的行驶路线进行规划,并对车辆行驶过程进行监控。

任务一 认识车辆调度作业

任务描述

拿到两个客户的送货单后,调度员小林将怎么完成此次的车辆调度作业呢?

知识准备

一、车辆调度的概念

车辆调度是指制定行车路线,使车辆在满足一定的约束条件下,有序地通过一系列装货点和卸货点,达到诸如路程最短、费用最小、耗时最少等目标。

二、车辆调度的作业模式

车辆调度的方法有多种,可根据客户所需货物、配送中心站点及交通线路的布局不同而选用不同的方法。简单的运输可采用定向专车运行调度法、循环调度法、交叉调度法等。如果配送运输任务量大,交通网络复杂,为合理调度车辆的运行,则可运用运筹学中线性规划的方法,如最短路法、表上作业法、图上作业法等。

以经验调度法和运输定额比法在配送中的使用为例:某建材配送中心,某日需运送钢板 580t、钢筋 400t 和不定量的铝合金材料。该中心有大型车 20 辆,中型车 20 辆,小型车 30 辆。各种车每日只运送一种货物,运输定额见表 7-1。

表 7-1 车辆运输定额表 (单位:t/(日·辆))

车辆种类	运送钢板	运送钢筋	运送铝合金
大型车	20	17	14
中型车	18	15	12
小型车	16	13	10

根据经验调度法确定,车辆安排的顺序为大型车、中型车、小型车。货载安排的顺序为

钢板、钢筋、铝合金。得出的派车方案见表 7-2，共完成货运量 1080t。

表7-2 经验调度法

车辆种类	运送钢板/辆	运送钢筋/辆	运送铝合金/辆	车辆总数/辆
大型车	20			20
中型车	10	10		20
小型车		20	10	30
货运量/t	580	400	100	70

对于以上车辆的运送能力可以按表 7-3 计算每种车运送不同的定额比。

表7-3 车辆运输定额比

车辆种类	运钢板/运钢筋	运钢筋/运铝合金	运钢板/运铝合金	……
大型车	1.18	1.21	1.43	
中型车	1.2	1.25	1.5	
小型车	1.23	1.3	1.6	

其他种类的定额比都小于 1，不予考虑。在表 7-3 中小型车运送钢板的定额比最高，因而要先安排小型车运送钢板；其次由中型车运送钢筋；剩余的由大型车完成。得到表 7-4 的派车方案，共完成运量 1106t。

表7-4 定额比优化派车法

车辆种类	运送钢板车辆数/辆	运送钢筋车辆数/辆	运送铝合金车辆数/辆	车辆总数/辆
大型车	5	6	9	20
中型车		20		20
小型车	30			30
货运量/t	580	400	126	70

随着物流信息技术的发展和在物流企业的广泛应用，现在配送企业多使用配送调度管理信息系统对车辆进行调度管理。车辆调度管理系统的工作原理如图 7-1 所示。

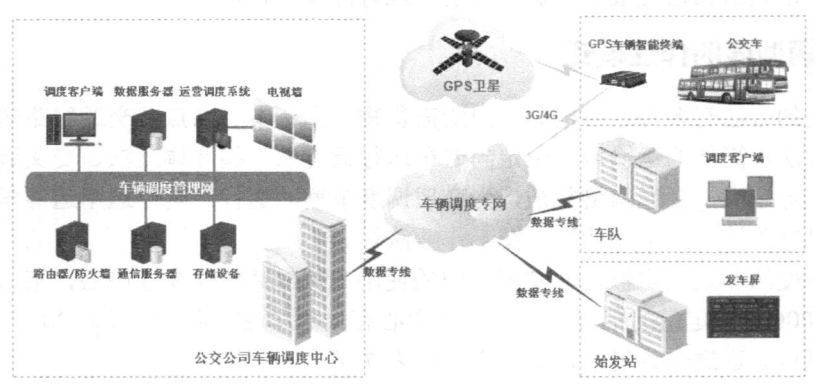

图7-1 车辆调度管理系统的工作原理

三、车辆调度的作业流程

1. 编制配送车辆运行作业计划

编制配送车辆运行作业计划包括编制配送方案、配送计划、车辆运行计划总表、分日配送计划表、单车运行作业计划等。具体计划可参考企业目前所使用的配送调度管理信息系统。

2. 现场调度

根据货物分日配送计划、车辆运行作业计划和车辆动态分派配送任务，即按计划调派车辆，签发行车路单；勘察配载作业现场，做好装卸车准备；督促司机按时出车；督促车辆按计划送修进保。

3. 随时掌握车辆运行信息，进行有效监督

如发现问题，应采取积极措施，及时解决和消除，尽量减少配送生产中断时间，使车辆按计划正常运行。

4. 检查计划执行情况

检查配送计划和车辆运行作业计划的执行情况。

任务实施

小组合作，共同完成以下内容：
1. 编制配送车辆运行作业计划。
2. 进行现场调度，安排车辆。

任务巩固

收集企业车辆调度案例。

任务考核

车辆调度作业能力评价表见表 7-5。

表 7-5 车辆调度作业能力评价表

考评人		被考评人		
考评地点				
考评内容	车辆调度作业			
考评标准	内容	分值/分	实际得分	
	正确编制配送车辆运行作业计划	30		
	现场调度正确	30		
	队员积极	20		
	团队积极合作	20		
合计		100		

注：考评满分为 100 分，60～70 分为及格；71～80 分为中等；81～90 分为良好；91 分以上为优秀。

任务二 GPS 的使用

任务描述

完成车辆调度作业后，小林会怎样使用 GPS 系统对此次配送任务进行线路规划和监控呢？

知识准备

一、GPS 的概念

全球卫星定位系统（Global Positioning System，GPS）是"由美国建设和控制的一组卫星所组成的、24h 提供高精度的全国范围的定位和导航信息的系统"（GB/T 18354—2006）。

二、GPS 的功能和作用

GPS 最初由美国国防部开发成功，目前主要由导航主机、天线、陀螺仪传感器及车速传感器组成。它具有性能好、精度高、应用广的特点，是迄今最好的导航定位系统。

GPS 导航系统与电子地图、无线电通信网络及计算机车辆管理信息系统相结合，可以实现车辆跟踪和交通管理等许多功能，这些功能包括以下五项：

（1）车辆和货物跟踪功能 利用 GPS 和电子地图可以实时显示出车辆的实际位置，可对重要车辆和货物进行跟踪运输，以便进行合理调度和管理。

（2）提供货物配送路线规划和导航功能 提供路线规划，包括自动线路规划和人工线路设计。

（3）信息查询功能 对配送范围内的主要物标进行查询，查询资料可以以文字、语言及图像的形式显示，并在电子地图上显示其位置。

（4）指挥决策功能 指挥中心可以监测区域内车辆的运行状况，对被监控车辆进行合理调度。

三、GPS 的工作原理

GPS 全球卫星定位系统由三部分组成：空间部分——GPS 星座；地面控制部分——地面监控系统；用户设备部分——GPS 信号接收机。说简单点，用户通过 GPS 接收卫星信号，经信号处理而获得用户位置、速度等信息，最终实现利用 GPS 进行导航和定位的目的，如图 7-2 所示。

图 7-2 GPS 的工作原理

四、GPS 在配送企业的应用

配送公司可以通过 GPS 系统进行配送路线规划、行驶过程监控等多项日常工作。具体功能有：

1）行驶信息显示。实时显示行驶状态，刷新获取当前的车速，并将行驶数据图形化，方便直观判断。

2）行驶路线规划。根据目的地的位置自动匹配行驶路线，还可以通过添加限制条件，变换可供选择的行驶路线。

3）GPS 轨迹回放。车辆上装有系统终端，可以自动记录行车数据。通过数据处理，可以将行车数据转换成行车轨迹，显示出行车路线。

任务实施

学生小组合作，完成以下内容：
1. 调度人员根据出库的货量，选择车辆和人员。
2. 使用 GPS 系统规划车辆行驶路线。
3. 车辆运行过程，使 GPS 系统对车辆进行定位，对车速、行驶路线等进行监控。

任务巩固

收集更多 GPS 在物流配送中的应用案例。

任务考核

GPS 使用能力评价表见表 7-6。

表 7-6 GPS 使用能力评价表

考评人		被考评人	
考评地点			
考评内容	GPS 使用		
考评标准	内容	分值/分	实际得分
	车辆和人员选择正确	20	
	GPS 系统规划车辆行驶路线正确	30	
	GPS 系统定位、监控正确	30	
	团队积极合作	20	
合计		100	

注：考评满分为 100 分，60~70 分为及格；71~80 分为中等；81~90 分为良好；91 分以上为优秀。

项目八 流通加工

学习目标

1. 了解流通加工的含义。
2. 会一般的流通加工作业操作。
3. 明白流通加工的合理化要求。
4. 明确包装作业的流程。
5. 清楚不同物品使用的不同的包装方法和材料。
6. 能完成包装作业。

项目概述

某配送中心信息员收到沃尔玛超市的订单见表 8-1。

表 8-1 订单

客户名称		沃尔玛超市		订单号		CKD0023
货品明细						
序号	货品编号	货品名称	规格	单位	数量	备注
1	61403422	飘柔洗发露 200mL	20 瓶/箱	箱	4	
2	61405677	飘柔护发素 200mL	40 瓶/箱	箱	5	两者组成促销装
3	61403423	飘柔洗发露 400mL	20 瓶/箱	箱	10	

为了满足劳动节促销的需求,门店要求将同为 200mL 的飘柔护发素和 400mL 的飘柔洗发露组成促销装,装在塑料盒中,并打上促销标签。

任务一 产品流通加工的认知

任务描述

我们在超市的洗化区经常能看到洗化促销装,针对这次任务中的潘婷护发素和潘婷洗发露促销装,完成以下内容:
1. 要完成此次的洗护促销装流通加工需要进行哪些作业?
2. 此次的洗护促销装属于哪一种类型的流通加工?
3. 想一下超市中还有哪些是流通加工的产品?都属于哪一种类型?

知识准备

一、流通加工的概念

中华人民共和国国家标准《物流术语》中流通加工是指物品在生产地到使用地的过程中,

根据需要施加包装、分割、计量、分拣、刷标志、拴标签、组装等简单作业的总称。

二、流通加工的意义

流通加工通过改变物品的原有形态来实现"桥梁和纽带"的作用，具有重要的意义。

1）流通加工完善了流通功能。流通加工一方面方便消费者进行消费，满足消费者多样化的需求，另一方面有利于产品扩大销路，从而使流通的媒介功能和作用发挥得更加充分。

2）流通加工是物流中的重要利润源。流通加工是一种低投入、高产出的加工方式往往是简单的加工带来超值的回报。

3）流通加工便利了运输，提高了运输效率。有些产品的成品不宜远距离运输，而且在途中易损坏，由于流通加工的存在，就可以以半成品的形式运输，在消费地物流中心进行组装。这样既方便了运输，又避开了途中损坏的风险。

4）流通加工在国民经济中也是重要的产业形态。流通加工对推动国民经济发展，完善国民经济的产业结构和生产分工具有一定的意义。

三、流通加工的类型

1. 为适应多样化需要的流通加工

例如：木材的集中开木下料，如图8-1所示。

在流通加工点将原木锯截成各种规格锯材，甚至还可以进行打眼、凿孔等初级加工，同时将边角余料加工成各种规格板，可以使原木利用率提高到95%，出材率提高到72%左右，有相当好的经济效果。

图8-1 木材流通加工

2. 为方便消费、省力的流通加工

例如：钢材剪切，如图8-2所示。

设置在消费地区的钢材加工中心在综合各用户需求和要求的基础上，采用集中下料的方式进行作业，如对圆钢、角钢、扁钢、方钢等小型钢和部分管材进行切割，对专用钢管进行涂油和油漆加工等。

 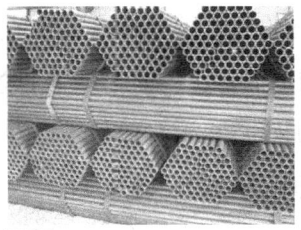

图8-2 钢材流通加工

3. 为保护产品进行的流通加工

例如：各种鲜活、易腐食品的保鲜、防腐、冷冻加工（见图 8-3），各种金属物品的防锈、除锈加工，木、竹的防裂、防潮加工等。

图 8-3　水产品、肉类的保鲜

4. 为弥补生产领域加工不足的流通加工

例如：钢材、木材、玻璃等集中切割。

5. 为促进销售的流通加工

例如：将大包装或散装物分装成适合一次销售的小包装的分装加工，将蔬菜、肉类洗净切块以满足消费者需求等，如图 8-4 所示。

图 8-4　蔬菜流通加工

6. 为提高加工效率的流通加工

例如：集中加工。

7. 为提高物流效率、降低物流损失的流通加工

例如：磨制木屑，压缩运送。

木材是容积大、重量轻的货物，在运输时占有相当大的容积，往往使车船满装但不能满载，同时装车、捆扎也比较困难，采取这种方法比直接运送原木约节约一半的运费。

8. 为衔接不同运输方式、使物流更加合理的流通加工

例如：在流通加工点将运输包装转换为销售包装。

9. 生产—流通一体化的流通加工

例如：将水泥拌成混凝土混合料，如图 8-5 所示。

改变以粉状水泥供给用户,由用户在建筑工地现制现拌混凝土的习惯使用方法,而将粉状水泥输送到使用地区的流通加工点,在那里搅拌成商品混凝土,然后供给各个工地或小型构件厂使用。

图 8-5　水泥流通加工

四、流通加工的合理化

流通加工合理化的含义是实现流通加工的最优配置,不仅做到避免各种不合理,使流通加工有存在的价值,而且做到最优的选择。

为避免各种不合理现象,对是否设置流通加工环节,在什么地点设置,选择什么类型的加工,采用什么样的技术装备等,需要做出正确选择。目前,国内在进行这方面合理化的考虑中已积累了一些经验,取得了一定成果。实现流通加工合理化主要考虑以下几方面:

1. 加工和配送结合

加工和配送结合是将流通加工设置在配送点中,一方面按配送的需要进行加工,另一方面加工又是配送业务流程中分货、拣货、配货的一环,加工后的产品直接投入配货作业。这就无须单独设置一个加工的中间环节,使流通加工有别于独立的生产,而使流通加工与中转流通巧妙结合在一起。同时,由于配送之前有加工,可使配送服务水平大大提高。这是当前对流通加工做合理选择的重要形式,在煤炭、水泥等产品的流通中已表现出较大的优势。

2. 加工和配套结合

在对配套要求较高的流通中,配套的主体来自各个生产单位,但是,完全配套有时无法全部依靠现有的生产单位,进行适当流通加工,可以有效促成配套,大大提高流通的桥梁与纽带的能力。

3. 加工和合理运输结合

流通加工能有效衔接干线运输与支线运输,促进两种运输形式的合理化。利用流通加工,在支线运输转干线运输或干线运输转支线运输这本来就必须停顿的环节,不进行一般的支转干或干转支,而是按干线或支线运输合理的要求进行适当加工,从而大大提高运输及运输转载水平。

4. 加工和合理商流相结合

通过加工有效促进销售,使商流合理化,也是流通加工合理化的考虑方向之一。

加工和配送的结合,通过加工,提高了配送水平,强化了销售,是加工与合理商流相结合的一个成功的例证。

此外，通过简单地改变包装加工，形成方便的购买量，通过组装加工解除用户使用前进行组装、调试的难处，都是有效促进商流的例子。

5．加工和节约相结合

节约能源、节约设备、节约人力、节约耗费是流通加工合理化重要的考虑因素，也是目前我国设置流通加工，考虑其合理化的较普遍形式。

任务实施

学生以小组为单位，完成如下任务：
1．收集超市中有哪些是流通加工的产品？区分流通加工与生产加工。
2．上述流通加工的产品都属于哪一种类型？

任务巩固

小组合作，从网络或关注身边，收集更多的流通加工案例。

任务考核

产品流通加工的认知能力评价表见表 8-2。

表 8-2　产品流通加工的认知能力评价表

考评人		被考评人	
考评地点			
考评内容	产品流通加工的认知		
考评标准	内容	分值/分	实际得分
	收集商品全面（种类）	30	
	流通加工类型判断正确	40	
	成员积极参与	10	
	团队积极合作	20	
合计		100	

注：考评满分为 100 分，60～70 分为及格；71～80 分为中等；81～90 分为良好；91 分以上为优秀。

任务二　包装作业

任务描述

针对这次任务中的潘婷护发素和潘婷洗发露促销装，完成以下内容：
1．所用的包装材料是什么？有什么作用？
2．完成此次包装会使用什么包装技术？会用到什么包装机械？
3．模拟此次包装作业。

项目八　流通加工

知识准备

一、包装在物流中的重要地位和作用

包装是生产的终点、物流的始点。作为生产的终点，包装是最后一道工序，标志着生产完成。包装必须根据产品的特点、材料、形式、生产工具和相应的销售要求完成，必须满足生产实际的需要，同时包装还要考虑经济效益，包装成本不易过高。作为物流的始点，包装完成后就具有物流的能力，在整个物流的过程中，包装应发挥对产品的保护作用和促销的功能。

包装在物流中的作用有以下几点：

1）减少传递到产品上的冲击、振动等外力，起到保护产品的作用。

2）方便运输。包装的形状、规格、质量与运输关系密切，尺寸与运输工具的容积相配套，可以提高运输效率，有利于采用机械化、自动化装卸搬运作业，减小劳动强度和难度，加快装卸搬运速度，降低运输难度。

3）防护作用。在复杂的运输环境中防潮、防水、防锈、防尘、防盗、防虫，保证商品安全，保证其质量和数量不受损失。

4）方便储存。包装上的标志、条码，便于识别、存取和统计商品数量，方便交接验收，缩短接收、发放时间，提高速度和效率。

5）便于商品堆码、叠放，充分利用仓库空间，节省库容。

6）促进销售、方便销售的功能。包装的形象与造型可以吸引顾客，其文字、图案、色彩可以刺激顾客的购买欲，同时，包装的外部形态可以起到宣传、介绍、推销商品的作用。

二、包装的材料和包装的技术

（一）包装的材料

常见的包装材料有纸质、塑料、木材、金属、玻璃、陶瓷、复合材料等。

1. 纸制包装

凡定量在 $225g/m^2$ 以下称为纸，其上称为纸板。纸制种类为牛皮纸、纸袋纸、包装纸、玻璃纸；包装纸板以箱板纸、黄板纸、瓦楞纸、白板纸、马卡纸为主。纸包装容器多做成纸板箱、瓦楞纸箱、纸盒、纸袋、纸筒，如图 8-6 所示。

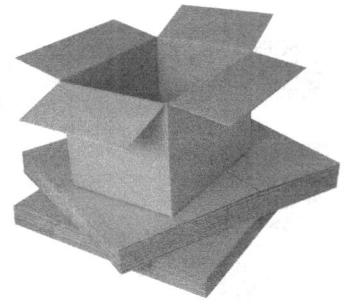

图 8-6　纸制包装

（1）优点　适宜的强度、耐冲击性和耐摩擦性；密封性好，容易做到清洁卫生；优良的

成型性和折叠性，便于采用各种加工方法，适用于机械化、自动化的包装生产；最佳的可印刷性，便于介绍和美化商品；价格较低，并且重量轻，可以降低包装成本和运输成本；用后易于处理，可回收复用和再生，不会污染环境。

（2）缺点　难以封口，受潮后牢度下降，以及气密性、防潮性、透明性差。

2. 塑料包装

塑料包装如图 8-7 所示。

图 8-7　塑料包装

（1）优点　相对密度小，重量轻，可以用于制造承重较大的包装容器，可以节约搬运和运输费用，塑料的品种较多，性能各异，能适应不同商品包装功能的要求。

塑料的加工性能好，便于加工成不同形式和复杂外形的容器，可以采取吹塑、挤塑、注塑、吸塑、中空成型、压延、共挤、涂塑等多种成型工艺；塑料可制成透明的或具有不同颜色的包装材料和容器，便于印刷、烫金、真空喷镀金属和压凸等装潢工艺；多数塑料的密封性、耐化学腐蚀性（耐酸、耐碱、耐盐等）、防潮性等方面都优于纸和金属材料；塑料的资源丰富（主要来源于石油和煤），加工耗能低。

（2）缺点　耐热性差，多数的塑料难以承受 150℃ 以上的高温；常温下的物理机械强度（表面硬度、抗压强度、抗弯强度等）低于金属和玻璃。热膨胀系数也较大；当塑料的厚度减小时，仍存在一定程度的透气性和透湿性；多数塑料易带静电，表面容易受到灰尘和脏物的污染；相对密度小，包装缺乏重量感和高贵感；塑料的冷加工性能不如金属，易老化；有异味，环境污染。

3. 金属包装材料和容器

金属包装材料和容器如图 8-8 所示。

图 8-8　金属包装

（1）优点　良好的机械强度，牢固结实，耐碰撞，不破碎，能有效地保护内装物；密封性能优良，阻隔性好，不透气，防潮，耐光，用于食品包装（罐藏）能达到中长期保存；具有良好的延伸性，易于加工成型；金属表面有特殊的光泽，易于进行涂饰和印刷，可获得良好的装潢效果；易于回收再利用，不污染环境。

（2）缺点　成本高；酸性食品、含硫食品会影响铁罐材料。

4．玻璃包装

（1）优点　化学稳定性好（不耐碱），强度高，外观美，可透视产品，表面光滑，易清洗，密封性优良，不透气，不透湿，有紫外线屏蔽性，可重复使用。

（2）缺点　重，易碎，经不起温度的突变，密封困难。

5．陶瓷包装

（1）优点　化学稳定性好（不耐碱），强度高，外观美，表面光滑，易清洗，可重复使用。
（2）缺点　重，易碎，经不起温度的突变，密封困难。

6．木材包装

木材包装如图8-9所示。

图8-9　木材包装

（1）优点　木材具有特殊的耐压、耐冲击和耐气候的能力，并有良好的加工性能，目前仍是大型和重型商品运输包装的重要材料，也用于包装那些批量小、体积小、重量大、强度要求高的商品。

（2）缺点　易含蛀虫。

7．复合材料包装

复合材料包装主要有纸与塑料、纸与铝箔和塑料。这类材料具有较好的综合性能，应用范围日渐广泛。例如，铝箔与纸、玻璃纸、聚乙烯复合后，可弥补铝箔本身易破裂、缺乏柔软性、无热黏合性等缺点，成为较理想的包装材料。

（二）包装技术

1．防震保护技术

所谓防震包装就是指为减缓内装物受到冲击和振动，保护其免受损坏所采取的一定防护措施的包装。防震包装主要有以下三种方法：

（1）全面防震包装方法　全面防震包装方法是指内装物和外包装之间全部用防震材料填满进行防震的包装方法，如图8-10所示。

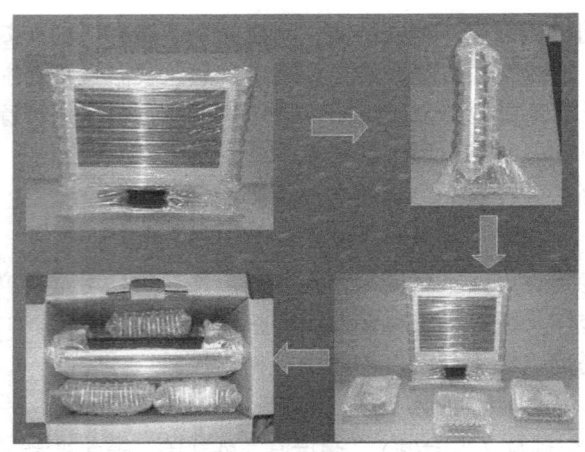

图 8-10 全面防震包装

（2）部分防震包装方法　对于整体性好的产品和有内装容器的产品，仅在产品或内包装的拐角或局部地方使用防震材料进行衬垫即可。

（3）悬浮式防震包装方法　对于某些贵重易损的物品，为了有效地保证其在流通过程中不被损坏，外包装容器比较坚固，然后用绳、带、弹簧等将被装物悬吊在包装容器内，在物流中，无论是什么操作环节。内装物都被稳定悬吊而不与包装容器发生碰撞，从而减少损坏。

2．防破损保护技术

缓冲包装有较强的防破损能力，因而是防破损包装技术中有效的一类。此外还可以采取以下几种防破损保护技术：

（1）捆扎及裹紧技术　捆扎及裹紧技术的作用，是使杂货、散货形成一个牢固整体，以增加整体性，便于处理及防止散堆来减少破损，如图 8-11 所示。

（2）集装技术　利用集装，减少与货体的接触，从而防止破损，如图 8-12 所示。

图 8-11　捆扎技术　　　　　　　　图 8-12　集装技术

（3）选择高强保护材料　通过外包装材料的高强度来防止内装物受外力作用破损。

3．防锈包装技术

（1）防锈油防锈蚀包装技术　大气锈蚀是空气中的氧、水蒸气及其他有害气体等作用于金属表面引起电化学作用的结果，如图 8-13 所示。用防锈油封装金属制品，要求油层要有一定的厚度，油层的连续性好，涂层完整。不同类型的防锈油要采用不同的方法进行涂复。

（2）气相防锈包装技术　气相防锈包装技术就是用气相缓蚀剂（挥发性缓蚀剂），在密封包装容器中对金属制品进行防锈处理的技术。

图 8-13　防锈包装技术

4．防霉腐包装技术

包装防霉烂变质的措施，通常是采用冷冻包装、真空包装或高温灭菌方法。冷冻包装的原理是减慢细菌活动和化学变化的过程，以延长储存期，但不能完全消除食品的变质；高温杀菌法可消灭引起食品腐烂的微生物，可在包装过程中用高温处理防霉。有些经干燥处理的食品包装，应防止水汽浸入以防霉腐，可选择防水汽和气密性好的包装材料，采取真空和充气包装。

5．防虫包装技术

防虫包装技术中常用的是驱虫剂，即在包装中放入有一定毒性和味道的药物，利用药物在包装中挥发气体杀灭和驱除各种害虫。常用的驱虫剂有萘、对位二氯化苯、樟脑精等。也可采用真空包装、充气包装、脱氧包装等技术，使害虫无生存环境，从而防止虫害。

6．危险品包装技术

危险品有上千种，按其危险性质，交通运输及公安消防部门规定分为十大类，即爆炸性物品、氧化剂、压缩气体和液化气体、自燃物品、遇水燃烧物品、易燃液体、易燃固体、毒害品、腐蚀性物品、放射性物品等，有些物品同时具有两种以上危险性能。

有毒商品的包装上要有明显的标志。防毒的主要措施是包装严密不漏、不透气。例如，重铬酸钾（红矾钾）和重铬酸钠（红矾钠），为红色透明结晶，有毒，应用坚固附桶包装，桶口要严密不漏，制桶的铁板厚度不能小于 1.2mm。

对有腐蚀性的商品，要注意商品和包装容器的材质发生化学变化。金属类的包装容器，要在容器壁涂上涂料，防止腐蚀性商品对容器的腐蚀。例如，包装合成脂肪酸的铁桶，其内壁要涂有耐酸保护层，防止铁桶被商品腐蚀，从而商品也随之变质。

对黄磷等易自燃商品的包装，宜将其装入壁厚不小于 1mm 的铁桶中，桶内壁必须涂耐酸保护层，桶内盛水，并使水面浸没商品，桶口严密封闭，每桶净重不超过 50kg。

对于易燃、易爆商品，如有强氧化性的，遇有微量不纯物或受热即急剧分解引起爆炸的产品，防爆炸包装的有效方法是采用塑料桶包装，然后将塑料桶装入铁桶或木箱中，每件净重不超过 50kg，并应有自动放气的安全阀，当桶内达到一定气体压力时，能自动放气。

7．特种包装技术

（1）充气包装　充气包装是采用二氧化碳气体或氮气等不活泼气体置换包装容器中空气的一种包装技术方法，因此也称为气体置换包装。

(2)真空包装　真空包装是将物品装入气密性容器后,在容器封口之前抽真空,使密封后的容器内基本没有空气的一种包装方法。

(3)收缩包装　收缩包装就是用收缩薄膜裹包物品(或内包装件),然后对薄膜进行适当加热处理,使薄膜收缩而紧贴于物品(或内包装件)的包装技术方法。

(4)拉伸包装　拉伸包装是20世纪70年代开始采用的一种新包装技术,它是由收缩包装发展而来的,拉伸包装是依靠机械装置在常温下将弹性薄膜围绕被包装件拉伸、紧裹,并在其末端进行封合的一种包装方法。

(5)脱氧包装　脱氧包装是继真空包装和充气包装之后出现的一种新型除氧包装方法。脱氧包装是在密封的包装容器中使用能与氧气起化学作用的脱氧剂与之反应,从而除去包装容器中的氧气,以达到保护内装物的目的。

三、常见的包装机械

1. 充填包装机械

充填包装机械主要有装箱机械、装盒机械、装袋机械、灌装机械、计量充填机械(见图8-14)。

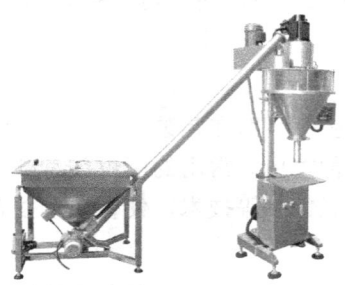

图8-14　计量充填机械

2. 裹包和捆扎机械

裹包和捆扎机械主要有裹包机械(见图8-15)、捆扎机械(见图8-16)、封条和加标机械、封口机械。

图8-15　裹包机械　　　　　　　图8-16　捆扎机械

3. 包装技术机械

包装技术机械主要有收缩包装机械(见图8-17)、热成型包装机械、纸箱包装机械(见图8-18)。

项目八 流通加工

图 8-17 收缩包装机械

图 8-18 纸箱包装机械

四、货物包装未来的发展趋势

1．包装的轻薄化

由于包装只是起保护作用，对产品使用价值没有任何意义，因此在强度、寿命、成本相同的条件下，更轻、更薄、更短、更小的包装可以提高装卸搬运的效率。而且轻、薄、短、小的包装一般价格比较便宜，如果是一次性包装也可以减少废弃包装材料的数量。

2．包装的单纯化

为了提高包装作业的效率，包装材料及规格应力求单纯化。包装规格还应标准化，包装形状和种类也应单纯化。

3．包装的标准化

包装的规格和托盘、集装箱关系密切，也应考虑到和运输车辆、搬运机械的匹配，从系统的观点制定包装的尺寸标准。

4．包装的机械化

为了提高作业效率和包装现代化水平，各种包装机械的开发和应用是很重要的。

5．包装的绿色化

绿色包装是指无害少污染的符合环保要求的各类包装物品，主要包括纸包装、可降解塑料包装、生物包装和可食性包装等，它们是包装经营发展的主流。

任务实施

针对此次洗化促销装的包装，学生以小组为单位，完成如下任务：
1．选择合适的包装材料。
2．完成任务描述中的包装。
3．模拟此次包装作业，进行装盒包装，并打上标签，放在纸箱中打包。

任务巩固

小组合作，收集更多的包装案例。

任务考核

包装作业评价表见表 8-3。

表 8-3 包装作业评价表

考评人		被考评人	
考评地点			
考评内容	包装作业		
考评标准	内容	分值/分	实际得分
	选择合适的包装材料	20	
	选择合适的包装技术和包装机械	20	
	正确模拟包装作业	40	
	团队积极合作	20	
合计		100	

注：考评满分为 100 分，60~70 分为及格；71~80 分为中等；81~90 分为良好；91 分以上为优秀。

参 考 文 献

[1] 王登清. 仓储与配送管理实务[M]. 北京：北京大学出版社，2009.
[2] 严霄蕙，白光利，刘亮. 运输与配送实务[M]. 北京：中国财富出版社，2010.
[3] 周晓杰. 物流仓储与配送实务[M]. 北京：机械工业出版社，2011.
[4] 沈瑞山. 配送管理实务[M]. 北京：中国人民大学出版社，2011.
[5] 卢杜芬. 仓储与配送实务[M]. 北京：中国人民大学出版社，2011.
[6] 郑中华，张琦可. 携带物流基础[M]. 北京：科学出版社，2011.
[7] 贺嵘. 仓储与配送实务[M]. 北京：清华大学出版社，2012.
[8] 王健. 现代物流概论[M]. 北京：北京大学出版社，2012.
[9] 林珍平. 仓储与配送实务[M]. 北京：高等教育出版社，2013.
[10] 傅莉萍，姜斌远. 配送管理[M]. 北京：北京大学出版社，2014.
[11] 王华林. 仓储与配送实务[M]. 北京：中国财富出版社，2015.
[12] 崔介何. 物流学概论[M]. 北京：北京大学出版社，2015.
[13] 刘南，兰振东. 运输与配送[M]. 北京：科学出版社，2015.